中华人民共和国
新法规汇编

2017

第6辑

国务院法制办公室 编

中国法制出版社

编辑说明

一、《中华人民共和国新法规汇编》是国家出版的法律、行政法规汇编正式版本，是刊登报国务院备案并予以登记的部门规章的指定出版物。

二、本汇编收集的内容包括：上一个月内由全国人民代表大会及其常务委员会通过的法律和有关法律问题的决定，国务院公布的行政法规和国务院文件，报国务院备案并予以登记的部门规章，最高人民法院和最高人民检察院公布的司法解释。另外，还收入了上一个月内报国务院备案并予以登记的地方性法规和地方政府规章目录。

三、本汇编所收的内容，按下列分类顺序编排：法律，行政法规，国务院文件，国务院部门规章，司法解释。每类中按公布的时间顺序排列。报国务院备案并予以登记的地方性法规和地方政府规章目录按1987年国务院批准的行政区划顺序排列；同一行政区域报备两件以上者，按公布时间顺序排列。

四、本汇编每年出版12辑，每月出版1辑。本辑为2017年度第6辑，收入2017年5月份内公布的行政法规1件，选收国务院文件7件，报国务院备案并经审查予以登记编号的部门规章9件，司法解释1件，补收2017年4月份内公布的国务院文件2件，共计20件。

五、本汇编在编辑出版过程中，得到了国务院有关部门和有关方面以及广大读者的大力支持和协助，在此谨致谢意。

国务院法制办公室

2017年6月

目　录

行政法规

法规性文件

国务院部门规章

司法解释

附：

行政法规

国务院关于修改《医疗器械监督管理条例》的决定

（2017年5月4日中华人民共和国国务院令第680号公布　自公布之日起施行）

国务院决定对《医疗器械监督管理条例》作如下修改：

一、将第十八条修改为："开展医疗器械临床试验，应当按照医疗器械临床试验质量管理规范的要求，在具备相应条件的临床试验机构进行，并向临床试验提出者所在地省、自治区、直辖市人民政府食品药品监督管理部门备案。接受临床试验备案的食品药品监督管理部门应当将备案情况通报临床试验机构所在地的同级食品药品监督管理部门和卫生计生主管部门。

"医疗器械临床试验机构实行备案管理。医疗器械临床试验机构应当具备的条件及备案管理办法和临床试验质量管理规范，由国务院食品药品监督管理部门会同国务院卫生计生主管部门制定并公布。"

二、将第三十四条第一款、第二款合并，作为第一款："医疗器械使用单位应当有与在用医疗器械品种、数量相适应的贮存场所和条件。医疗器械使用单位应当加强对工作人员的技术培训，按照产品说明书、技术操作规范等要求使用医疗器械。"

增加一款，作为第二款："医疗器械使用单位配置大型医用设备，应当符合国务院卫生计生主管部门制定的大型医用设备配置规划，与其功能定位、临床服务需求相适应，具有相应的技术条件、配套设施和具备相应资质、能力的专业技术人员，并经省级以上人民政府卫生计生主管部门批准，取得大型医用设备配置许可证。"

增加一款，作为第三款："大型医用设备配置管理办法由国务院卫生计生主管部门会同国务院有关部门制定。大型医用设备目录由国务院卫生计生主管部门商国务院有关部门提出，报国务院批准后执行。"

三、将第五十六条第一款、第二款合并，作为第一款："食品药品监督管理部门应当加强对医疗器械生产经营企业和使用单位生产、经营、使用的医疗器械的抽查检验。抽查检验不得收取检验费和其他任何费用,所需费用纳入本级政府预算。省级以上人民政府食品药品监督管理部门应当根据抽查检验结论及时发布医疗器械质量公告。”

增加一款,作为第二款:“卫生计生主管部门应当对大型医用设备的使用状况进行监督和评估;发现违规使用以及与大型医用设备相关的过度检查、过度治疗等情形的,应当立即纠正,依法予以处理。”

四、第六十三条增加一款,作为第三款:“未经许可擅自配置使用大型医用设备的,由县级以上人民政府卫生计生主管部门责令停止使用,给予警告,没收违法所得;违法所得不足1万元的,并处1万元以上5万元以下罚款;违法所得1万元以上的,并处违法所得5倍以上10倍以下罚款;情节严重的,5年内不受理相关责任人及单位提出的大型医用设备配置许可申请。”

五、将第六十四条第一款修改为:“提供虚假资料或者采取其他欺骗手段取得医疗器械注册证、医疗器械生产许可证、医疗器械经营许可证、大型医用设备配置许可证、广告批准文件等许可证件的,由原发证部门撤销已经取得的许可证件,并处5万元以上10万元以下罚款,5年内不受理相关责任人及单位提出的医疗器械许可申请。”

六、第六十六条增加一款,作为第二款:“医疗器械经营企业、使用单位履行了本条例规定的进货查验等义务,有充分证据证明其不知道所经营、使用的医疗器械为前款第一项、第三项规定情形的医疗器械,并能如实说明其进货来源的,可以免予处罚,但应当依法没收其经营、使用的不符合法定要求的医疗器械。”

七、第六十八条增加一项,作为第九项:“(九)医疗器械使用单位违规使用大型医用设备,不能保障医疗质量安全的”,并将原第九项改为第十项。

八、将第六十九条修改为:“违反本条例规定开展医疗器械临床试验的,由县级以上人民政府食品药品监督管理部门责令改正或者立即停止临床试验,可以处5万元以下罚款;造成严重后果的,依法对直接负责的主管人员和其他直接责任人员给予降级、撤职或者开除的处分;该机构5年内不得开展相关专业医疗器械临床试验。

“医疗器械临床试验机构出具虚假报告的,由县级以上人民政府食品药品监督管理部门处5万元以上10万元以下罚款;有违法所得的,没收违法所得;对直接负责的主管人员和其他直接责任人员,依法给予撤职或者开除的处分;该机构10年内不得开展相关专业医疗器械临床试验。”

九、将第七十三条修改为:“食品药品监督管理部门、卫生计生主管部门及其工作人员应当严格依照本条例规定的处罚种类和幅度，根据违法行为的性质和具体情节行使行政处罚权，具体办法由国务院食品药品监督管理部门、卫生计生主管部门依据各自职责制定。”

十、第七十六条增加规定：“大型医用设备，是指使用技术复杂、资金投入量大、运行成本高、对医疗费用影响大且纳入目录管理的大型医疗器械。”

本决定自公布之日起施行。

《医疗器械监督管理条例》根据本决定作相应修改，重新公布。

医疗器械监督管理条例

（2000 年 1 月 4 日中华人民共和国国务院令第 276 号公布 2014 年 2 月 12 日国务院第 39 次常务会议修订通过 根据 2017 年 5 月 4 日《国务院关于修改〈医疗器械监督管理条例〉的决定》修订）

第一章 总 则

第一条 为了保证医疗器械的安全、有效，保障人体健康和生命安全，制定本条例。

第二条 在中华人民共和国境内从事医疗器械的研制、生产、经营、使用活动及其监督管理，应当遵守本条例。

第三条 国务院食品药品监督管理部门负责全国医疗器械监督管理工作。国务院有关部门在各自的职责范围内负责与医疗器械有关的监督管理工作。

县级以上地方人民政府食品药品监督管理部门负责本行政区域的医疗器械监督管理工作。县级以上地方人民政府有关部门在各自的职责范围内负责与医疗器械有关的监督管理工作。

国务院食品药品监督管理部门应当配合国务院有关部门，贯彻实施国家医疗器械产业规划和政策。

第四条 国家对医疗器械按照风险程度实行分类管理。

第一类是风险程度低，实行常规管理可以保证其安全、有效的医疗器械。

第二类是具有中度风险，需要严格控制管理以保证其安全、有效的医疗器械。

第三类是具有较高风险，需要采取特别措施严格控制管理以保证其安全、有效的医疗器械。

评价医疗器械风险程度,应当考虑医疗器械的预期目的、结构特征、使用方法等因素。

国务院食品药品监督管理部门负责制定医疗器械的分类规则和分类目录,并根据医疗器械生产、经营、使用情况,及时对医疗器械的风险变化进行分析、评价,对分类目录进行调整。制定、调整分类目录,应当充分听取医疗器械生产经营企业以及使用单位、行业组织的意见,并参考国际医疗器械分类实践。医疗器械分类目录应当向社会公布。

第五条 医疗器械的研制应当遵循安全、有效和节约的原则。国家鼓励医疗器械的研究与创新,发挥市场机制的作用,促进医疗器械新技术的推广和应用,推动医疗器械产业的发展。

第六条 医疗器械产品应当符合医疗器械强制性国家标准;尚无强制性国家标准的,应当符合医疗器械强制性行业标准。

一次性使用的医疗器械目录由国务院食品药品监督管理部门会同国务院卫生计生主管部门制定、调整并公布。重复使用可以保证安全、有效的医疗器械,不列入一次性使用的医疗器械目录。对因设计、生产工艺、消毒灭菌技术等改进后重复使用可以保证安全、有效的医疗器械,应当调整出一次性使用的医疗器械目录。

第七条 医疗器械行业组织应当加强行业自律,推进诚信体系建设,督促企业依法开展生产经营活动,引导企业诚实守信。

第二章 医疗器械产品注册与备案

第八条 第一类医疗器械实行产品备案管理,第二类、第三类医疗器械实行产品注册管理。

第九条 第一类医疗器械产品备案和申请第二类、第三类医疗器械产品注册,应当提交下列资料:

(一)产品风险分析资料;

(二)产品技术要求;

(三)产品检验报告;

(四)临床评价资料;

(五)产品说明书及标签样稿;

(六)与产品研制、生产有关的质量管理体系文件;

(七)证明产品安全、有效所需的其他资料。

医疗器械注册申请人、备案人应当对所提交资料的真实性负责。

第十条 第一类医疗器械产品备案，由备案人向所在地设区的市级人民政府食品药品监督管理部门提交备案资料。其中，产品检验报告可以是备案人的自检报告；临床评价资料不包括临床试验报告，可以是通过文献、同类产品临床使用获得的数据证明该医疗器械安全、有效的资料。

向我国境内出口第一类医疗器械的境外生产企业，由其在我国境内设立的代表机构或者指定我国境内的企业法人作为代理人，向国务院食品药品监督管理部门提交备案资料和备案人所在国（地区）主管部门准许该医疗器械上市销售的证明文件。

备案资料载明的事项发生变化的，应当向原备案部门变更备案。

第十一条 申请第二类医疗器械产品注册，注册申请人应当向所在地省、自治区、直辖市人民政府食品药品监督管理部门提交注册申请资料。申请第三类医疗器械产品注册，注册申请人应当向国务院食品药品监督管理部门提交注册申请资料。

向我国境内出口第二类、第三类医疗器械的境外生产企业，应当由其在我国境内设立的代表机构或者指定我国境内的企业法人作为代理人，向国务院食品药品监督管理部门提交注册申请资料和注册申请人所在国（地区）主管部门准许该医疗器械上市销售的证明文件。

第二类、第三类医疗器械产品注册申请资料中的产品检验报告应当是医疗器械检验机构出具的检验报告；临床评价资料应当包括临床试验报告，但依照本条例第十七条的规定免于进行临床试验的医疗器械除外。

第十二条 受理注册申请的食品药品监督管理部门应当自受理之日起3个工作日内将注册申请资料转交技术审评机构。技术审评机构应当在完成技术审评后向食品药品监督管理部门提交审评意见。

第十三条 受理注册申请的食品药品监督管理部门应当自收到审评意见之日起20个工作日内作出决定。对符合安全、有效要求的，准予注册并发给医疗器械注册证；对不符合要求的，不予注册并书面说明理由。

国务院食品药品监督管理部门在组织对进口医疗器械的技术审评时认为有必要对质量管理体系进行核查的，应当组织质量管理体系检查技术机构开展质量管理体系核查。

第十四条 已注册的第二类、第三类医疗器械产品，其设计、原材料、生产工艺、适用范围、使用方法等发生实质性变化，有可能影响该医疗器械安全、有效的，注册人应当向原注册部门申请办理变更注册手续；发生非实质性变化，不影响该医疗器械安全、有效的，应当将变化情况向原注册部门备案。

第十五条 医疗器械注册证有效期为5年。有效期届满需要延续注册的,应当在有效期届满6个月前向原注册部门提出延续注册的申请。

除有本条第三款规定情形外,接到延续注册申请的食品药品监督管理部门应当在医疗器械注册证有效期届满前作出准予延续的决定。逾期未作决定的,视为准予延续。

有下列情形之一的,不予延续注册:

(一)注册人未在规定期限内提出延续注册申请的;

(二)医疗器械强制性标准已经修订,申请延续注册的医疗器械不能达到新要求的;

(三)对用于治疗罕见疾病以及应对突发公共卫生事件急需的医疗器械,未在规定期限内完成医疗器械注册证载明事项的。

第十六条 对新研制的尚未列入分类目录的医疗器械,申请人可以依照本条例有关第三类医疗器械产品注册的规定直接申请产品注册,也可以依据分类规则判断产品类别并向国务院食品药品监督管理部门申请类别确认后依照本条例的规定申请注册或者进行产品备案。

直接申请第三类医疗器械产品注册的,国务院食品药品监督管理部门应当按照风险程度确定类别,对准予注册的医疗器械及时纳入分类目录。申请类别确认的,国务院食品药品监督管理部门应当自受理申请之日起20个工作日内对该医疗器械的类别进行判定并告知申请人。

第十七条 第一类医疗器械产品备案,不需要进行临床试验。申请第二类、第三类医疗器械产品注册,应当进行临床试验;但是,有下列情形之一的,可以免于进行临床试验:

(一)工作机理明确、设计定型,生产工艺成熟,已上市的同品种医疗器械临床应用多年且无严重不良事件记录,不改变常规用途的;

(二)通过非临床评价能够证明该医疗器械安全、有效的;

(三)通过对同品种医疗器械临床试验或者临床使用获得的数据进行分析评价,能够证明该医疗器械安全、有效的。

免于进行临床试验的医疗器械目录由国务院食品药品监督管理部门制定、调整并公布。

第十八条 开展医疗器械临床试验,应当按照医疗器械临床试验质量管理规范的要求,在具备相应条件的临床试验机构进行,并向临床试验提出者所在地省、自治区、直辖市人民政府食品药品监督管理部门备案。接受临床试验备案的食品药品监督管理部门应当将备案情况通报临床试验机构所在地的同级食品药品监督管理部门和卫生计生主管部门。

医疗器械临床试验机构实行备案管理。医疗器械临床试验机构应当具备的条件及备案管理办法和临床试验质量管理规范，由国务院食品药品监督管理部门会同国务院卫生计生主管部门制定并公布。

第十九条 第三类医疗器械进行临床试验对人体具有较高风险的，应当经国务院食品药品监督管理部门批准。临床试验对人体具有较高风险的第三类医疗器械目录由国务院食品药品监督管理部门制定、调整并公布。

国务院食品药品监督管理部门审批临床试验，应当对拟承担医疗器械临床试验的机构的设备、专业人员等条件，该医疗器械的风险程度，临床试验实施方案，临床受益与风险对比分析报告等进行综合分析。准予开展临床试验的，应当通报临床试验提出者以及临床试验机构所在地省、自治区、直辖市人民政府食品药品监督管理部门和卫生计生主管部门。

第三章　医疗器械生产

第二十条 从事医疗器械生产活动，应当具备下列条件：

（一）有与生产的医疗器械相适应的生产场地、环境条件、生产设备以及专业技术人员；

（二）有对生产的医疗器械进行质量检验的机构或者专职检验人员以及检验设备；

（三）有保证医疗器械质量的管理制度；

（四）有与生产的医疗器械相适应的售后服务能力；

（五）产品研制、生产工艺文件规定的要求。

第二十一条 从事第一类医疗器械生产的，由生产企业向所在地设区的市级人民政府食品药品监督管理部门备案并提交其符合本条例第二十条规定条件的证明资料。

第二十二条 从事第二类、第三类医疗器械生产的，生产企业应当向所在地省、自治区、直辖市人民政府食品药品监督管理部门申请生产许可并提交其符合本条例第二十条规定条件的证明资料以及所生产医疗器械的注册证。

受理生产许可申请的食品药品监督管理部门应当自受理之日起30个工作日内对申请资料进行审核，按照国务院食品药品监督管理部门制定的医疗器械生产质量管理规范的要求进行核查。对符合规定条件的，准予许可并发给医疗器械生产许可证；对不符合规定条件的，不予许可并书面说明理由。

医疗器械生产许可证有效期为5年。有效期届满需要延续的，依照有关行政许可的法律规定办理延续手续。

第二十三条 医疗器械生产质量管理规范应当对医疗器械的设计开发、生产设备条件、原材料采购、生产过程控制、企业的机构设置和人员配备等影响医疗器械安全、有效的事项作出明确规定。

第二十四条 医疗器械生产企业应当按照医疗器械生产质量管理规范的要求，建立健全与所生产医疗器械相适应的质量管理体系并保证其有效运行；严格按照经注册或者备案的产品技术要求组织生产，保证出厂的医疗器械符合强制性标准以及经注册或者备案的产品技术要求。

医疗器械生产企业应当定期对质量管理体系的运行情况进行自查，并向所在地省、自治区、直辖市人民政府食品药品监督管理部门提交自查报告。

第二十五条 医疗器械生产企业的生产条件发生变化，不再符合医疗器械质量管理体系要求的，医疗器械生产企业应当立即采取整改措施；可能影响医疗器械安全、有效的，应当立即停止生产活动，并向所在地县级人民政府食品药品监督管理部门报告。

第二十六条 医疗器械应当使用通用名称。通用名称应当符合国务院食品药品监督管理部门制定的医疗器械命名规则。

第二十七条 医疗器械应当有说明书、标签。说明书、标签的内容应当与经注册或者备案的相关内容一致。

医疗器械的说明书、标签应当标明下列事项：

（一）通用名称、型号、规格；

（二）生产企业的名称和住所、生产地址及联系方式；

（三）产品技术要求的编号；

（四）生产日期和使用期限或者失效日期；

（五）产品性能、主要结构、适用范围；

（六）禁忌症、注意事项以及其他需要警示或者提示的内容；

（七）安装和使用说明或者图示；

（八）维护和保养方法，特殊储存条件、方法；

（九）产品技术要求规定应当标明的其他内容。

第二类、第三类医疗器械还应当标明医疗器械注册证编号和医疗器械注册人的名称、地址及联系方式。

由消费者个人自行使用的医疗器械还应当具有安全使用的特别说明。

第二十八条 委托生产医疗器械，由委托方对所委托生产的医疗器械质量负责。受托方应当是符合本条例规定、具备相应生产条件的医疗器械生产企业。委托方应当加强对受托方生产行为的管理，保证其按照法定要求进行生产。

具有高风险的植入性医疗器械不得委托生产，具体目录由国务院食品药品监督管理部门制定、调整并公布。

第四章　医疗器械经营与使用

第二十九条　从事医疗器械经营活动，应当有与经营规模和经营范围相适应的经营场所和贮存条件，以及与经营的医疗器械相适应的质量管理制度和质量管理机构或者人员。

第三十条　从事第二类医疗器械经营的，由经营企业向所在地设区的市级人民政府食品药品监督管理部门备案并提交其符合本条例第二十九条规定条件的证明资料。

第三十一条　从事第三类医疗器械经营的，经营企业应当向所在地设区的市级人民政府食品药品监督管理部门申请经营许可并提交其符合本条例第二十九条规定条件的证明资料。

受理经营许可申请的食品药品监督管理部门应当自受理之日起30个工作日内进行审查，必要时组织核查。对符合规定条件的，准予许可并发给医疗器械经营许可证；对不符合规定条件的，不予许可并书面说明理由。

医疗器械经营许可证有效期为5年。有效期届满需要延续的，依照有关行政许可的法律规定办理延续手续。

第三十二条　医疗器械经营企业、使用单位购进医疗器械，应当查验供货者的资质和医疗器械的合格证明文件，建立进货查验记录制度。从事第二类、第三类医疗器械批发业务以及第三类医疗器械零售业务的经营企业，还应当建立销售记录制度。

记录事项包括：

（一）医疗器械的名称、型号、规格、数量；

（二）医疗器械的生产批号、有效期、销售日期；

（三）生产企业的名称；

（四）供货者或者购货者的名称、地址及联系方式；

（五）相关许可证明文件编号等。

进货查验记录和销售记录应当真实，并按照国务院食品药品监督管理部门规定的期限予以保存。国家鼓励采用先进技术手段进行记录。

第三十三条　运输、贮存医疗器械，应当符合医疗器械说明书和标签标示的要求；对温度、湿度等环境条件有特殊要求的，应当采取相应措施，保证医疗器械的安全、有效。

第三十四条 医疗器械使用单位应当有与在用医疗器械品种、数量相适应的贮存场所和条件。医疗器械使用单位应当加强对工作人员的技术培训，按照产品说明书、技术操作规范等要求使用医疗器械。

医疗器械使用单位配置大型医用设备，应当符合国务院卫生计生主管部门制定的大型医用设备配置规划，与其功能定位、临床服务需求相适应，具有相应的技术条件、配套设施和具备相应资质、能力的专业技术人员，并经省级以上人民政府卫生计生主管部门批准，取得大型医用设备配置许可证。

大型医用设备配置管理办法由国务院卫生计生主管部门会同国务院有关部门制定。大型医用设备目录由国务院卫生计生主管部门商国务院有关部门提出，报国务院批准后执行。

第三十五条 医疗器械使用单位对重复使用的医疗器械，应当按照国务院卫生计生主管部门制定的消毒和管理的规定进行处理。

一次性使用的医疗器械不得重复使用，对使用过的应当按照国家有关规定销毁并记录。

第三十六条 医疗器械使用单位对需要定期检查、检验、校准、保养、维护的医疗器械，应当按照产品说明书的要求进行检查、检验、校准、保养、维护并予以记录，及时进行分析、评估，确保医疗器械处于良好状态，保障使用质量；对使用期限长的大型医疗器械，应当逐台建立使用档案，记录其使用、维护、转让、实际使用时间等事项。记录保存期限不得少于医疗器械规定使用期限终止后5年。

第三十七条 医疗器械使用单位应当妥善保存购入第三类医疗器械的原始资料，并确保信息具有可追溯性。

使用大型医疗器械以及植入和介入类医疗器械的，应当将医疗器械的名称、关键性技术参数等信息以及与使用质量安全密切相关的必要信息记载到病历等相关记录中。

第三十八条 发现使用的医疗器械存在安全隐患的，医疗器械使用单位应当立即停止使用，并通知生产企业或者其他负责产品质量的机构进行检修；经检修仍不能达到使用安全标准的医疗器械，不得继续使用。

第三十九条 食品药品监督管理部门和卫生计生主管部门依据各自职责，分别对使用环节的医疗器械质量和医疗器械使用行为进行监督管理。

第四十条 医疗器械经营企业、使用单位不得经营、使用未依法注册、无合格证明文件以及过期、失效、淘汰的医疗器械。

第四十一条 医疗器械使用单位之间转让在用医疗器械，转让方应当确保所转让的医疗器械安全、有效，不得转让过期、失效、淘汰以及检验不合格的医疗器械。

第四十二条 进口的医疗器械应当是依照本条例第二章的规定已注册或者已备案的医疗器械。

进口的医疗器械应当有中文说明书、中文标签。说明书、标签应当符合本条例规定以及相关强制性标准的要求,并在说明书中载明医疗器械的原产地以及代理人的名称、地址、联系方式。没有中文说明书、中文标签或者说明书、标签不符合本条规定的,不得进口。

第四十三条 出入境检验检疫机构依法对进口的医疗器械实施检验;检验不合格的,不得进口。

国务院食品药品监督管理部门应当及时向国家出入境检验检疫部门通报进口医疗器械的注册和备案情况。进口口岸所在地出入境检验检疫机构应当及时向所在地设区的市级人民政府食品药品监督管理部门通报进口医疗器械的通关情况。

第四十四条 出口医疗器械的企业应当保证其出口的医疗器械符合进口国(地区)的要求。

第四十五条 医疗器械广告应当真实合法,不得含有虚假、夸大、误导性的内容。

医疗器械广告应当经医疗器械生产企业或者进口医疗器械代理人所在地省、自治区、直辖市人民政府食品药品监督管理部门审查批准,并取得医疗器械广告批准文件。广告发布者发布医疗器械广告,应当事先核查广告的批准文件及其真实性;不得发布未取得批准文件、批准文件的真实性未经核实或者广告内容与批准文件不一致的医疗器械广告。省、自治区、直辖市人民政府食品药品监督管理部门应当公布并及时更新已经批准的医疗器械广告目录以及批准的广告内容。

省级以上人民政府食品药品监督管理部门责令暂停生产、销售、进口和使用的医疗器械,在暂停期间不得发布涉及该医疗器械的广告。

医疗器械广告的审查办法由国务院食品药品监督管理部门会同国务院工商行政管理部门制定。

第五章 不良事件的处理与医疗器械的召回

第四十六条 国家建立医疗器械不良事件监测制度,对医疗器械不良事件及时进行收集、分析、评价、控制。

第四十七条 医疗器械生产经营企业、使用单位应当对所生产经营或者使用的医疗器械开展不良事件监测；发现医疗器械不良事件或者可疑不良事件，应当按照国务院食品药品监督管理部门的规定，向医疗器械不良事件监测技术机构报告。

任何单位和个人发现医疗器械不良事件或者可疑不良事件，有权向食品药品监督管理部门或者医疗器械不良事件监测技术机构报告。

第四十八条 国务院食品药品监督管理部门应当加强医疗器械不良事件监测信息网络建设。

医疗器械不良事件监测技术机构应当加强医疗器械不良事件信息监测，主动收集不良事件信息；发现不良事件或者接到不良事件报告的，应当及时进行核实、调查、分析，对不良事件进行评估，并向食品药品监督管理部门和卫生计生主管部门提出处理建议。

医疗器械不良事件监测技术机构应当公布联系方式，方便医疗器械生产经营企业、使用单位等报告医疗器械不良事件。

第四十九条 食品药品监督管理部门应当根据医疗器械不良事件评估结果及时采取发布警示信息以及责令暂停生产、销售、进口和使用等控制措施。

省级以上人民政府食品药品监督管理部门应当会同同级卫生计生主管部门和相关部门组织对引起突发、群发的严重伤害或者死亡的医疗器械不良事件及时进行调查和处理，并组织对同类医疗器械加强监测。

第五十条 医疗器械生产经营企业、使用单位应当对医疗器械不良事件监测技术机构、食品药品监督管理部门开展的医疗器械不良事件调查予以配合。

第五十一条 有下列情形之一的，省级以上人民政府食品药品监督管理部门应当对已注册的医疗器械组织开展再评价：

（一）根据科学研究的发展，对医疗器械的安全、有效有认识上的改变的；

（二）医疗器械不良事件监测、评估结果表明医疗器械可能存在缺陷的；

（三）国务院食品药品监督管理部门规定的其他需要进行再评价的情形。

再评价结果表明已注册的医疗器械不能保证安全、有效的，由原发证部门注销医疗器械注册证，并向社会公布。被注销医疗器械注册证的医疗器械不得生产、进口、经营、使用。

第五十二条 医疗器械生产企业发现其生产的医疗器械不符合强制性标准、经注册或者备案的产品技术要求或者存在其他缺陷的，应当立即停止生产，通知相关生产经营企业、使用单位和消费者停止经营和使用，召回已经上市销售的医疗器械，采取补救、销毁等措施，记录相关情况，发布相关信息，并将医疗器械召回和处理情况向食品药品监督管理部门和卫生计生主管部门报告。

医疗器械经营企业发现其经营的医疗器械存在前款规定情形的，应当立即停止经营，通知相关生产经营企业、使用单位、消费者，并记录停止经营和通知情况。医疗器械生产企业认为属于依照前款规定需要召回的医疗器械，应当立即召回。

医疗器械生产经营企业未依照本条规定实施召回或者停止经营的，食品药品监督管理部门可以责令其召回或者停止经营。

第六章　监督检查

第五十三条　食品药品监督管理部门应当对医疗器械的注册、备案、生产、经营、使用活动加强监督检查，并对下列事项进行重点监督检查：

（一）医疗器械生产企业是否按照经注册或者备案的产品技术要求组织生产；

（二）医疗器械生产企业的质量管理体系是否保持有效运行；

（三）医疗器械生产经营企业的生产经营条件是否持续符合法定要求。

第五十四条　食品药品监督管理部门在监督检查中有下列职权：

（一）进入现场实施检查、抽取样品；

（二）查阅、复制、查封、扣押有关合同、票据、账簿以及其他有关资料；

（三）查封、扣押不符合法定要求的医疗器械，违法使用的零配件、原材料以及用于违法生产医疗器械的工具、设备；

（四）查封违反本条例规定从事医疗器械生产经营活动的场所。

食品药品监督管理部门进行监督检查，应当出示执法证件，保守被检查单位的商业秘密。

有关单位和个人应当对食品药品监督管理部门的监督检查予以配合，不得隐瞒有关情况。

第五十五条　对人体造成伤害或者有证据证明可能危害人体健康的医疗器械，食品药品监督管理部门可以采取暂停生产、进口、经营、使用的紧急控制措施。

第五十六条　食品药品监督管理部门应当加强对医疗器械生产经营企业和使用单位生产、经营、使用的医疗器械的抽查检验。抽查检验不得收取检验费和其他任何费用，所需费用纳入本级政府预算。省级以上人民政府食品药品监督管理部门应当根据抽查检验结论及时发布医疗器械质量公告。

卫生计生主管部门应当对大型医用设备的使用状况进行监督和评估；发

现违规使用以及与大型医用设备相关的过度检查、过度治疗等情形的，应当立即纠正，依法予以处理。

第五十七条 医疗器械检验机构资质认定工作按照国家有关规定实行统一管理。经国务院认证认可监督管理部门会同国务院食品药品监督管理部门认定的检验机构，方可对医疗器械实施检验。

食品药品监督管理部门在执法工作中需要对医疗器械进行检验的，应当委托有资质的医疗器械检验机构进行，并支付相关费用。

当事人对检验结论有异议的，可以自收到检验结论之日起7个工作日内选择有资质的医疗器械检验机构进行复检。承担复检工作的医疗器械检验机构应当在国务院食品药品监督管理部门规定的时间内作出复检结论。复检结论为最终检验结论。

第五十八条 对可能存在有害物质或者擅自改变医疗器械设计、原材料和生产工艺并存在安全隐患的医疗器械，按照医疗器械国家标准、行业标准规定的检验项目和检验方法无法检验的，医疗器械检验机构可以补充检验项目和检验方法进行检验；使用补充检验项目、检验方法得出的检验结论，经国务院食品药品监督管理部门批准，可以作为食品药品监督管理部门认定医疗器械质量的依据。

第五十九条 设区的市级和县级人民政府食品药品监督管理部门应当加强对医疗器械广告的监督检查；发现未经批准、篡改经批准的广告内容的医疗器械广告，应当向所在地省、自治区、直辖市人民政府食品药品监督管理部门报告，由其向社会公告。

工商行政管理部门应当依照有关广告管理的法律、行政法规的规定，对医疗器械广告进行监督检查，查处违法行为。食品药品监督管理部门发现医疗器械广告违法发布行为，应当提出处理建议并按照有关程序移交所在地同级工商行政管理部门。

第六十条 国务院食品药品监督管理部门建立统一的医疗器械监督管理信息平台。食品药品监督管理部门应当通过信息平台依法及时公布医疗器械许可、备案、抽查检验、违法行为查处情况等日常监督管理信息。但是，不得泄露当事人的商业秘密。

食品药品监督管理部门对医疗器械注册人和备案人、生产经营企业、使用单位建立信用档案，对有不良信用记录的增加监督检查频次。

第六十一条 食品药品监督管理等部门应当公布本单位的联系方式，接受咨询、投诉、举报。食品药品监督管理等部门接到与医疗器械监督管理有关的咨询，应当及时答复；接到投诉、举报，应当及时核实、处理、答复。对咨询、投诉、举报情况及其答复、核实、处理情况，应当予以记录、保存。

有关医疗器械研制、生产、经营、使用行为的举报经调查属实的，食品药品监督管理等部门对举报人应当给予奖励。

第六十二条 国务院食品药品监督管理部门制定、调整、修改本条例规定的目录以及与医疗器械监督管理有关的规范，应当公开征求意见；采取听证会、论证会等形式，听取专家、医疗器械生产经营企业和使用单位、消费者以及相关组织等方面的意见。

第七章 法律责任

第六十三条 有下列情形之一的，由县级以上人民政府食品药品监督管理部门没收违法所得、违法生产经营的医疗器械和用于违法生产经营的工具、设备、原材料等物品；违法生产经营的医疗器械货值金额不足1万元的，并处5万元以上10万元以下罚款；货值金额1万元以上的，并处货值金额10倍以上20倍以下罚款；情节严重的，5年内不受理相关责任人及企业提出的医疗器械许可申请：

（一）生产、经营未取得医疗器械注册证的第二类、第三类医疗器械的；

（二）未经许可从事第二类、第三类医疗器械生产活动的；

（三）未经许可从事第三类医疗器械经营活动的。

有前款第一项情形、情节严重的，由原发证部门吊销医疗器械生产许可证或者医疗器械经营许可证。

未经许可擅自配置使用大型医用设备的，由县级以上人民政府卫生计生主管部门责令停止使用，给予警告，没收违法所得；违法所得不足1万元的，并处1万元以上5万元以下罚款；违法所得1万元以上的，并处违法所得5倍以上10倍以下罚款；情节严重的，5年内不受理相关责任人及单位提出的大型医用设备配置许可申请。

第六十四条 提供虚假资料或者采取其他欺骗手段取得医疗器械注册证、医疗器械生产许可证、医疗器械经营许可证、大型医用设备配置许可证、广告批准文件等许可证件的，由原发证部门撤销已经取得的许可证件，并处5万元以上10万元以下罚款，5年内不受理相关责任人及单位提出的医疗器械许可申请。

伪造、变造、买卖、出租、出借相关医疗器械许可证件的，由原发证部门予以收缴或者吊销，没收违法所得；违法所得不足1万元的，处1万元以上3万元以下罚款；违法所得1万元以上的，处违法所得3倍以上5倍以下罚款；构成违反治安管理行为的，由公安机关依法予以治安管理处罚。

第六十五条 未依照本条例规定备案的，由县级以上人民政府食品药品监督管理部门责令限期改正；逾期不改正的，向社会公告未备案单位和产品名称，可以处1万元以下罚款。

备案时提供虚假资料的，由县级以上人民政府食品药品监督管理部门向社会公告备案单位和产品名称；情节严重的，直接责任人员5年内不得从事医疗器械生产经营活动。

第六十六条 有下列情形之一的，由县级以上人民政府食品药品监督管理部门责令改正，没收违法生产、经营或者使用的医疗器械；违法生产、经营或者使用的医疗器械货值金额不足1万元的，并处2万元以上5万元以下罚款；货值金额1万元以上的，并处货值金额5倍以上10倍以下罚款；情节严重的，责令停产停业，直至由原发证部门吊销医疗器械注册证、医疗器械生产许可证、医疗器械经营许可证：

（一）生产、经营、使用不符合强制性标准或者不符合经注册或者备案的产品技术要求的医疗器械的；

（二）医疗器械生产企业未按照经注册或者备案的产品技术要求组织生产，或者未依照本条例规定建立质量管理体系并保持有效运行的；

（三）经营、使用无合格证明文件、过期、失效、淘汰的医疗器械，或者使用未依法注册的医疗器械的；

（四）食品药品监督管理部门责令其依照本条例规定实施召回或者停止经营后，仍拒不召回或者停止经营医疗器械的；

（五）委托不具备本条例规定条件的企业生产医疗器械，或者未对受托方的生产行为进行管理的。

医疗器械经营企业、使用单位履行了本条例规定的进货查验等义务，有充分证据证明其不知道所经营、使用的医疗器械为前款第一项、第三项规定情形的医疗器械，并能如实说明其进货来源的，可以免予处罚，但应当依法没收其经营、使用的不符合法定要求的医疗器械。

第六十七条 有下列情形之一的，由县级以上人民政府食品药品监督管理部门责令改正，处1万元以上3万元以下罚款；情节严重的，责令停产停业，直至由原发证部门吊销医疗器械生产许可证、医疗器械经营许可证：

（一）医疗器械生产企业的生产条件发生变化、不再符合医疗器械质量管理体系要求，未依照本条例规定整改、停止生产、报告的；

（二）生产、经营说明书、标签不符合本条例规定的医疗器械的；

（三）未按照医疗器械说明书和标签标示要求运输、贮存医疗器械的；

（四）转让过期、失效、淘汰或者检验不合格的在用医疗器械的。

第六十八条 有下列情形之一的，由县级以上人民政府食品药品监督管理部门和卫生计生主管部门依据各自职责责令改正，给予警告；拒不改正的，处5000元以上2万元以下罚款；情节严重的，责令停产停业，直至由原发证部门吊销医疗器械生产许可证、医疗器械经营许可证：

（一）医疗器械生产企业未按照要求提交质量管理体系自查报告的；

（二）医疗器械经营企业、使用单位未依照本条例规定建立并执行医疗器械进货查验记录制度的；

（三）从事第二类、第三类医疗器械批发业务以及第三类医疗器械零售业务的经营企业未依照本条例规定建立并执行销售记录制度的；

（四）对重复使用的医疗器械，医疗器械使用单位未按照消毒和管理的规定进行处理的；

（五）医疗器械使用单位重复使用一次性使用的医疗器械，或者未按照规定销毁使用过的一次性使用的医疗器械的；

（六）对需要定期检查、检验、校准、保养、维护的医疗器械，医疗器械使用单位未按照产品说明书要求检查、检验、校准、保养、维护并予以记录，及时进行分析、评估，确保医疗器械处于良好状态的；

（七）医疗器械使用单位未妥善保存购入第三类医疗器械的原始资料，或者未按照规定将大型医疗器械以及植入和介入类医疗器械的信息记载到病历等相关记录中的；

（八）医疗器械使用单位发现使用的医疗器械存在安全隐患未立即停止使用、通知检修，或者继续使用经检修仍不能达到使用安全标准的医疗器械的；

（九）医疗器械使用单位违规使用大型医用设备，不能保障医疗质量安全的；

（十）医疗器械生产经营企业、使用单位未依照本条例规定开展医疗器械不良事件监测，未按照要求报告不良事件，或者对医疗器械不良事件监测技术机构、食品药品监督管理部门开展的不良事件调查不予配合的。

第六十九条 违反本条例规定开展医疗器械临床试验的，由县级以上人民政府食品药品监督管理部门责令改正或者立即停止临床试验，可以处5万元以下罚款；造成严重后果的，依法对直接负责的主管人员和其他直接责任人员给予降级、撤职或者开除的处分；该机构5年内不得开展相关专业医疗器械临床试验。

医疗器械临床试验机构出具虚假报告的，由县级以上人民政府食品药品监督管理部门处5万元以上10万元以下罚款;有违法所得的,没收违法所得;对直接负责的主管人员和其他直接责任人员,依法给予撤职或者开除的处分;该机构10年内不得开展相关专业医疗器械临床试验。

第七十条 医疗器械检验机构出具虚假检验报告的,由授予其资质的主管部门撤销检验资质,10年内不受理其资质认定申请;处5万元以上10万元以下罚款;有违法所得的,没收违法所得;对直接负责的主管人员和其他直接责任人员,依法给予撤职或者开除的处分;受到开除处分的,自处分决定作出之日起10年内不得从事医疗器械检验工作。

第七十一条 违反本条例规定,发布未取得批准文件的医疗器械广告,未事先核实批准文件的真实性即发布医疗器械广告,或者发布广告内容与批准文件不一致的医疗器械广告的,由工商行政管理部门依照有关广告管理的法律、行政法规的规定给予处罚。

篡改经批准的医疗器械广告内容的,由原发证部门撤销该医疗器械的广告批准文件,2年内不受理其广告审批申请。

发布虚假医疗器械广告的,由省级以上人民政府食品药品监督管理部门决定暂停销售该医疗器械,并向社会公布;仍然销售该医疗器械的,由县级以上人民政府食品药品监督管理部门没收违法销售的医疗器械,并处2万元以上5万元以下罚款。

第七十二条 医疗器械技术审评机构、医疗器械不良事件监测技术机构未依照本条例规定履行职责,致使审评、监测工作出现重大失误的,由县级以上人民政府食品药品监督管理部门责令改正,通报批评,给予警告;造成严重后果的,对直接负责的主管人员和其他直接责任人员,依法给予降级、撤职或者开除的处分。

第七十三条 食品药品监督管理部门、卫生计生主管部门及其工作人员应当严格依照本条例规定的处罚种类和幅度,根据违法行为的性质和具体情节行使行政处罚权,具体办法由国务院食品药品监督管理部门、卫生计生主管部门依据各自职责制定。

第七十四条 违反本条例规定,县级以上人民政府食品药品监督管理部门或者其他有关部门不履行医疗器械监督管理职责或者滥用职权、玩忽职守、徇私舞弊的,由监察机关或者任免机关对直接负责的主管人员和其他直接责任人员依法给予警告、记过或者记大过的处分;造成严重后果的,给予降级、撤职或者开除的处分。

第七十五条 违反本条例规定,构成犯罪的,依法追究刑事责任;造成人身、财产或者其他损害的,依法承担赔偿责任。

第八章　附　　则

第七十六条　本条例下列用语的含义：

医疗器械，是指直接或者间接用于人体的仪器、设备、器具、体外诊断试剂及校准物、材料以及其他类似或者相关的物品，包括所需要的计算机软件；其效用主要通过物理等方式获得，不是通过药理学、免疫学或者代谢的方式获得，或者虽然有这些方式参与但是只起辅助作用；其目的是：

（一）疾病的诊断、预防、监护、治疗或者缓解；

（二）损伤的诊断、监护、治疗、缓解或者功能补偿；

（三）生理结构或者生理过程的检验、替代、调节或者支持；

（四）生命的支持或者维持；

（五）妊娠控制；

（六）通过对来自人体的样本进行检查，为医疗或者诊断目的提供信息。

医疗器械使用单位，是指使用医疗器械为他人提供医疗等技术服务的机构，包括取得医疗机构执业许可证的医疗机构，取得计划生育技术服务机构执业许可证的计划生育技术服务机构，以及依法不需要取得医疗机构执业许可证的血站、单采血浆站、康复辅助器具适配机构等。

大型医用设备，是指使用技术复杂、资金投入量大、运行成本高、对医疗费用影响大且纳入目录管理的大型医疗器械。

第七十七条　医疗器械产品注册可以收取费用。具体收费项目、标准分别由国务院财政、价格主管部门按照国家有关规定制定。

第七十八条　非营利的避孕医疗器械管理办法以及医疗卫生机构为应对突发公共卫生事件而研制的医疗器械的管理办法，由国务院食品药品监督管理部门会同国务院卫生计生主管部门制定。

中医医疗器械的管理办法，由国务院食品药品监督管理部门会同国务院中医药管理部门依据本条例的规定制定；康复辅助器具类医疗器械的范围及其管理办法，由国务院食品药品监督管理部门会同国务院民政部门依据本条例的规定制定。

第七十九条　军队医疗器械使用的监督管理，由军队卫生主管部门依据本条例和军队有关规定组织实施。

第八十条　本条例自2014年6月1日起施行。

法规性文件

国务院办公厅关于印发深化医药卫生体制改革2017年重点工作任务的通知

（2017年4月25日　国办发〔2017〕37号）

《深化医药卫生体制改革2017年重点工作任务》已经国务院同意，现印发给你们，请结合实际，认真组织实施。

深化医药卫生体制改革2017年重点工作任务

2017年是贯彻落实全国卫生与健康大会精神和实施“十三五”深化医药卫生体制改革规划的重要一年，是形成较为系统的基本医疗卫生制度框架、完成医改阶段性目标任务的关键一年。深化医改工作要全面贯彻党的十八大和十八届三中、四中、五中、六中全会精神，深入贯彻习近平总书记系列重要讲话精神和治国理政新理念新思想新战略，认真落实党中央、国务院决策部署，统筹推进“五位一体”总体布局和协调推进“四个全面”战略布局，坚持稳中求进工作总基调，牢固树立和贯彻落实创新、协调、绿色、开放、共享的发展理念，坚持以人民为中心的发展思想，坚持以推进健康中国建设为引领，坚持把基本医疗卫生制度作为公共产品向全民提供，坚持保基本、强基层、建机制，深化医疗、医保、医药联动改革，着力推进分级诊疗、现代医院管理、全民医保、药品供应保障、综合监管5项制度建设，统筹推进相关领域改革，进一步加强组织领导、制度创新和重点突破，抓好已出台改革举措的落地实施，为建立中国特色基本医疗卫生制度奠定坚实基础，切实把改革成果转化为人民群众的健康福祉和获得感，以优异成绩迎接党的十九大胜利召开。

2017年深化医药卫生体制改革，要重点推进和落实以下工作任务。

一、研究制定的文件

1. 制定推进医疗联合体建设和发展的指导意见。(国家卫生计生委负责,2017 年 4 月底前完成)

2. 制定改革完善短缺药品供应保障机制的实施意见。(国家卫生计生委负责,2017 年 6 月底前完成)

3. 制定建立现代医院管理制度的指导意见。(国家卫生计生委负责,2017 年 6 月底前完成)

4. 制定完善公立医院党建工作的意见。(国家卫生计生委负责,2017 年 6 月底前完成)

5. 制定国有企业办医疗机构深化改革的指导意见。(国务院国资委负责,2017 年 6 月底前完成)

6. 制定支持社会力量提供多层次多样化医疗服务的意见。(国家发展改革委负责,2017 年 6 月底前完成)

7. 制定医教协同推进医学人才培养改革与发展的指导意见。(国家卫生计生委、教育部共同牵头负责,2017 年 6 月底前完成)

8. 制定加强医疗卫生行业综合监管的指导意见。(国家卫生计生委负责,2017 年 9 月底前完成)

9. 制定建立卫生人员荣誉制度的政策性文件。(国家卫生计生委、人力资源社会保障部共同牵头负责,2017 年 9 月底前完成)

10. 制定开展高值医用耗材集中采购试点的指导性文件。(国家卫生计生委负责,2017 年 10 月底前完成)

11. 制定在部分城市三级甲等公立医院开展编制管理改革实行人员总量管理试点的意见。(中央编办负责,2017 年 10 月底前完成)

12. 制定改革完善仿制药管理政策的指导性文件。(国务院医改办负责,2017 年 10 月底前完成)

13. 制定医药代表登记备案管理办法。(食品药品监管总局负责,2017 年 12 月底前完成)

14. 制定药品购销信用管理制度。(食品药品监管总局负责,2017 年 12 月底前完成)

以上任务只列牵头部门,不列参与部门。

二、推动落实的重点工作

15. 总结推广地方成功经验,进一步扩大试点范围,分级诊疗试点和家庭医生签约服务扩大到 85% 以上的地市。(国家卫生计生委负责)

16. 落实国务院医改办等单位《关于推进家庭医生签约服务的指导意

见》,大力推进家庭医生签约服务,健全收付费、考核、激励机制以及医保等政策。从老年人、孕产妇、儿童、残疾人等人群以及慢性疾病和严重精神障碍患者等入手,以需求为导向做实家庭医生签约服务。2017年,重点人群签约服务覆盖率达到60%以上,把所有贫困人口纳入家庭医生签约服务范围。(国家卫生计生委负责)

17. 全面启动多种形式的医疗联合体建设试点,三级公立医院要全部参与并发挥引领作用,建立促进优质医疗资源上下贯通的考核和激励机制,增强基层服务能力,方便群众就近就医。探索对纵向合作的医疗联合体等分工协作模式实行医保总额付费等多种方式,推动医疗联合体成为服务共同体、责任共同体、利益共同体、管理共同体。开展诊疗—康复—长期护理连续服务模式试点。2017年6月底前各省(区、市)要明确推进医疗联合体建设的工作方案。综合医改试点省份每个地市以及分级诊疗试点城市至少建成1个有明显成效的医疗联合体。(国家卫生计生委、人力资源社会保障部、国家中医药局、财政部负责,排在第一位的部门为牵头部门,下同)

18. 组织开展三级医院日间手术试点,进一步完善和落实医保支付和医疗服务价格政策。落实引导推动公立医院参与分级诊疗的各项政策。(国家卫生计生委、人力资源社会保障部、国家发展改革委、国家中医药局负责)

19. 加强县级公立医院综合能力建设和学科建设,加强县域内常见病、多发病相关专业科室以及紧缺专业临床专科建设。推动贫困县县医院远程医疗全覆盖。(国家卫生计生委、国家发展改革委负责)

20. 全面实施基层中医药服务能力提升工程“十三五”行动计划。(国家中医药局负责)

21. 督促所有省、市、县分别完善并落实医疗卫生服务体系有关规划,明确各级各类医疗卫生机构功能定位。合理控制公立综合性医院的数量和规模。(国家卫生计生委、国家发展改革委、国家中医药局负责)

22. 扩大县级公立医院综合改革示范范围,每个省份至少有1个国家级示范县。启动城市公立医院综合改革示范工作。(国家卫生计生委、财政部负责)

23. 明确国家卫生计生委和国家中医药局属(管)医院参加属地公立医院综合改革的政策措施,并开展综合绩效考核工作。综合医改试点省份至少选择1个地市开展绩效考核试点,加大探索力度。(国家卫生计生委、国家中医药局、中央编办、财政部、国家发展改革委、人力资源社会保障部负责)

24. 推进军队医院、武警医院参与驻地城市公立医院综合改革,并纳入区域卫生规划和分级诊疗体系。(中央军委后勤保障部卫生局负责)

25. 2017 年 9 月底前全面推开公立医院综合改革，所有公立医院全部取消药品加成（中药饮片除外）。协调推进管理体制、医疗价格、人事薪酬、药品流通、医保支付方式等改革。逐步提高医疗服务收入在医院总收入中的比例。2017 年，前四批 200 个试点城市公立医院药占比（不含中药饮片）总体降到 30% 左右，百元医疗收入（不含药品收入）中消耗的卫生材料降到 20 元以下。（国家卫生计生委、国家中医药局、国家发展改革委、财政部、人力资源社会保障部、商务部、国务院国资委、中央军委后勤保障部卫生局负责）

26. 落实医疗服务价格改革政策，全面推开城市公立医院医药价格改革，建立医疗服务价格区域协调制度。（国家发展改革委、国家卫生计生委、人力资源社会保障部、国家中医药局负责）

27. 全面落实政府对符合区域卫生规划的公立医院的投入政策，推动建立公立医院由服务收费和政府补助两个渠道补偿的新机制。逐步偿还和化解符合条件的公立医院长期债务。（财政部、国家卫生计生委、国家中医药局、国家发展改革委负责）

28. 推进现代医院管理制度建设，综合医改试点省份要选择部分地级及以上城市开展试点，初步建立决策、执行、监督相互协调、相互制衡、相互促进的管理体制和治理机制。开展制定公立医院章程试点。（国家卫生计生委、财政部、人力资源社会保障部、中央编办负责）

29. 开展公立医院薪酬制度改革试点工作，及时总结试点经验，着手制订适应医疗行业特点的人事薪酬制度相关指导性文件。（人力资源社会保障部、财政部、国家卫生计生委、国家中医药局负责）

30. 各省（区、市）设定年度医疗费用增长控制目标，2017 年，全国公立医院医疗费用平均增长幅度控制在 10% 以下。定期公布各省（区、市）主要监测指标排序情况。（国家卫生计生委、财政部、国家中医药局负责）

31. 完成城乡居民基本医保制度整合，实行覆盖范围、筹资政策、保障待遇、医保目录、定点管理、基金管理"六统一"政策。理顺管理体制，可开展设立医保基金管理中心试点，承担基金支付和管理，药品采购和费用结算，医保支付标准谈判，定点机构的协议管理和结算等职能。完善大病保险制度，采取降低起付线、提高报销比例、合理确定合规医疗费用范围等措施，提高大病保险对困难群众支付的精准性。（人力资源社会保障部、国家卫生计生委、保监会分别负责，财政部参与）

32. 城乡居民医保财政补助由每人每年 420 元提高到 450 元，同步提高个人缴费标准，扩大用药保障范围。（财政部、人力资源社会保障部、国家卫生计生委分别负责）

33. 全面推进建立以按病种付费为主的多元复合型医保支付方式。国家选择部分地区开展按疾病诊断相关分组（DRGs）付费试点，鼓励其他地方积极探索。指导各地完善按病种、按人头、按床日等多种付费方式。综合医改试点省份要选择1—2个地市全面实施医保支付方式改革，覆盖区域内所有医疗机构和所有医疗服务，大幅减少按项目付费的比例。（人力资源社会保障部、国家卫生计生委、财政部共同负责）

34. 推进按病种收费工作，2017年年底前所有城市实行按病种收费的病种不少于100个。（国家发展改革委、国家卫生计生委、人力资源社会保障部、国家中医药局、财政部负责）

35. 开展医保药品支付标准试点，探索制订医疗服务医保支付标准。在全国推进医保信息联网，实现符合转诊规定的异地就医住院费用直接结算。（人力资源社会保障部、国家卫生计生委分别负责）

36. 制订200个左右临床路径，总数达1200个左右，制订100个左右中医临床路径。（国家卫生计生委、国家中医药局分别负责）

37. 推动落实民政部等部门《关于进一步加强医疗救助与城乡居民大病保险有效衔接的通知》，增强保障合力。（民政部、人力资源社会保障部、国家卫生计生委、保监会、国务院扶贫办、财政部负责）

38. 将商业健康保险个人所得税试点政策推广至全国实施。（财政部、税务总局、保监会负责）

39. 总结经验，按照政府购买服务有关规定，支持商业保险机构等社会力量参与医保经办。（人力资源社会保障部、国家卫生计生委、保监会负责）

40. 深入实施健康扶贫工程，努力解决农村贫困人口因病致贫、因病返贫问题。（国家卫生计生委、国务院扶贫办、国家发展改革委、民政部、财政部、人力资源社会保障部、保监会、国家中医药局、中央军委后勤保障部卫生局负责）

41. 推进精准康复服务行动，为困难残疾人提供基本康复服务。（中国残联、国家卫生计生委、财政部负责）

42. 推动开展长期护理保险试点。（人力资源社会保障部、国家卫生计生委、民政部、财政部、保监会负责）

43. 贯彻落实《国务院办公厅关于进一步改革完善药品生产流通使用政策的若干意见》（国办发〔2017〕13号），各省（区、市）2017年6月底前出台本地区具体实施方案，及时制订细化相关政策措施。（国家卫生计生委、食品药品监管总局、工业和信息化部、商务部、国家发展改革委、人力资源社会保障部分别负责）

44. 加快推进仿制药质量和疗效一致性评价。开展药品上市许可持有人制度试点工作。(食品药品监管总局负责)

45. 进一步扩大短缺药品定点生产范围,支持建设小品种药品集中生产基地。建立健全短缺药品监测预警和分级应对体系。(工业和信息化部、国家卫生计生委分别负责)

46. 利用好国家药品供应保障综合管理信息平台,坚持集中带量采购原则,推进实施公立医院药品分类采购,培育集中采购主体,鼓励跨区域联合采购和专科医院开展药品、高值医用耗材等联合采购。研究编制高值医用耗材采购统一编码,综合医改试点省份要选择若干地市开展高值医用耗材集中采购试点,鼓励其他省份开展试点。(国家卫生计生委负责)

47. 落实国务院医改办等单位《关于在公立医疗机构药品采购中推行"两票制"的实施意见(试行)》。2017 年年底前,综合医改试点省份和前四批 200 个公立医院综合改革试点城市所有公立医疗机构全面执行"两票制",鼓励其他地区实行"两票制"。(国家卫生计生委、食品药品监管总局、国家发展改革委、工业和信息化部、商务部、税务总局、国家中医药局、财政部负责)

48. 推动建立药品出厂价格信息可追溯机制。(食品药品监管总局、国家发展改革委、工业和信息化部、税务总局、国家卫生计生委负责)

49. 增加国家药品价格谈判品种的数量,做好价格谈判与医保等政策的衔接。(国家卫生计生委、人力资源社会保障部负责)

50. 试行零售药店分类分级管理,鼓励连锁药店发展,探索医疗机构处方信息、医保结算信息与药品零售消费信息互联互通、实时共享。(商务部、人力资源社会保障部、国家卫生计生委、食品药品监管总局负责)

51. 开展基本药物目录评估,制定优先使用国家基本药物的激励政策。(国家卫生计生委负责)

52. 选择部分地区开展建立医院总药师制度试点。(国家卫生计生委负责)

53. 推进医保智能监控系统应用,2017 年年底前覆盖大多数统筹地区,将医保对医疗机构的监管向医务人员延伸。(人力资源社会保障部、国家卫生计生委分别负责)

54. 加强对非营利性社会办医疗机构产权归属、财务运营、资金结余使用等方面的监督管理,加强对营利性医疗机构盈利率的管控。(国家卫生计生委、财政部负责)

55. 启动社会办中医试点,完善中医诊所备案管理办法。(国家中医药局负责)

56. 督促各地细化措施，按照“允许医疗卫生机构突破现行事业单位工资调控水平，允许医疗服务收入扣除成本并按规定提取各项基金后主要用于人员奖励”的要求，对医疗卫生机构单独制定绩效工资总量核定办法，逐步提高诊疗费、护理费、手术费等医疗服务收入在医院总收入中的比例。保护和调动医务人员积极性。（人力资源社会保障部、财政部、国家卫生计生委分别负责）

57. 培养全科医生2.5万名以上。继续实施农村订单定向医学生免费培养工作，为中西部地区招收培养5000名左右本科免费医学生。继续组织实施全科医生特岗计划。新增7万名左右医师参加住院医师规范化培训。推进专科医师规范化培训制度试点。加快健康产业发展相关人才培养。（国家卫生计生委、人力资源社会保障部、财政部、教育部、国家中医药局负责）

58. 人均基本公共卫生服务经费财政补助标准提高到50元。加强疾病预防体系和慢性病防控体系建设。做好健康促进。（财政部、国家发展改革委、国家卫生计生委分别负责）

59. 优化基层医疗卫生机构中高级岗位比例。进一步改革完善基层卫生职称评审工作。（人力资源社会保障部、国家卫生计生委负责）

60. 落实处方点评等制度。指导地方对辅助性、营养性等高价药品列出具体清单，实施重点监控。（国家卫生计生委、国家中医药局负责）

61. 逐步完善省、市、县人口健康信息平台，2017年实现国家和省级人口健康信息平台互联互通。抓好健康医疗大数据中心与产业园建设国家试点工作。加快推进病案书写规范、疾病分类编码、手术操作编码、医学名词术语等相关规范和标准的统一。（国家卫生计生委、工业和信息化部、国家发展改革委、财政部、国家中医药局负责）

62. 以国家临床医学研究中心为依托，提升基层医疗机构的诊疗技术水平和服务能力，推进“精准对接”健康医疗科技帮扶机制建设。开展深化医改支撑性重大课题研究。（科技部、国家卫生计生委、中央军委后勤保障部卫生局负责）

63. 指导京津冀地区协同开展医疗机构、医师和护士电子证照试点工作，2017年在全国所有省份开展试点。（国家卫生计生委负责）

64. 继续推动国家级医养结合试点工作，推进社区居家层面医养结合。启动中医药健康养老工作。推动健康和相关行业融合发展，推进健康医疗旅游示范基地建设。（国家卫生计生委、民政部、国家发展改革委、国家中医药局、财政部负责）

65. 继续开展改善医疗服务行动计划。构建和谐医患关系。（国家卫生

计生委、国家中医药局负责）

66. 推动各地由党委和政府主要负责同志或一位主要负责同志担任医改领导小组组长，充分发挥医改领导小组的统筹协调作用。（国务院医改办负责）

67. 建立将医改纳入对地方政府的考核要求等约束机制。明确地方各级政府、各有关部门责任，把责任压实、要求提实、考核抓实，建立医改任务台账，加强改革监测和定期通报。（地方各级人民政府负责）

68. 积极总结推广各地医改成功经验。综合医改试点省份要发挥示范带动作用，为全局改革积累经验。适时增加综合医改试点省份数量。（国务院医改办负责）

69. 加强医改宣传引导。坚持正确的舆论导向，加强医改正面宣传，做好重要政策文件解读。加大医改培训力度，对政府相关部门、医改办及公立医院管理人员等进行全员培训。（国务院医改办、中央宣传部、中央网信办负责）

70. 加强医改督查评估。对中共中央办公厅、国务院办公厅转发《国务院深化医药卫生体制改革领导小组关于进一步推广深化医药卫生体制改革经验的若干意见》、国务院医改办等单位《关于在公立医疗机构药品采购中推行“两票制”的实施意见（试行）》落实情况进行专项督查。对综合医改试点省份改革情况进行评估，组织开展分级诊疗中期评估、城市和县级公立医院综合改革效果评价考核工作。（国务院医改办负责）

国务院办公厅关于转发国务院国资委以管资本为主推进职能转变方案的通知

（2017年4月27日　国办发〔2017〕38号）

《国务院国资委以管资本为主推进职能转变方案》已经国务院同意，现转发给你们，请认真贯彻执行。

国务院国资委以管资本为主推进职能转变方案

党的十八大以来，国务院国资委认真贯彻落实党中央、国务院关于深化国有企业改革的决策部署，准确把握国有资产监管机构的出资人代表职责定位，坚定不移深化国有企业改革，探索完善国有资产监管体制机制，积极推进国有企业结构调整、创新发展，为实现国有资产保值增值、防止国有资产流失、发展壮大国有经济作出了积极贡献。但与此同时，国有资产监督机制尚不健全，国有资产监管中越位、缺位、错位问题依然存在，亟需加快调整优化监管职能和方式，推进国有资产监管机构职能转变，进一步提高国有资本运营和配置效率。按照《中共中央 国务院关于深化国有企业改革的指导意见》、《国务院关于改革和完善国有资产管理体制的若干意见》（国发〔2015〕63号）有关要求，制定本方案。

一、总体要求

（一）指导思想。

全面贯彻党的十八大和十八届二中、三中、四中、五中、六中全会精神，深入学习贯彻习近平总书记系列重要讲话精神和治国理政新理念新思想新战略，坚持党的领导不动摇，统筹推进"五位一体"总体布局和协调推进"四个全面"战略布局，牢固树立和贯彻落实创新、协调、绿色、开放、共享的发展理念，按照深化简政放权、放管结合、优化服务改革的要求，依法履行职责，以管资本为主加强国有资产监管，以提高国有资本效率、增强国有企业活力为中心，明确监管重点，精简监管事项，优化部门职能，改进监管方式，全面加强党的建设，进一步提高监管的科学性、针对性和有效性，加快实现以管企业为主向以管资本为主的转变。

（二）基本原则。

坚持准确定位。按照政企分开、政资分开、所有权与经营权分离要求，科学界定国有资产出资人监管的边界，国务院国资委作为国务院直属特设机构，根据授权代表国务院依法履行出资人职责，专司国有资产监管，不行使社会公共管理职能，不干预企业依法行使自主经营权。

坚持依法监管。按照有关法律法规规定，建立和完善出资人监管的权力和责任清单，健全监管制度体系，重点管好国有资本布局、规范资本运作、提高资本回报、维护资本安全。全面加强国有资产监督，充实监督力量，完善监督机制，严格责任追究，切实防止国有资产流失。

坚持搞活企业。遵循市场经济规律和企业发展规律，突出权责一致，确保责任落实，将精简监管事项与完善国有企业法人治理结构相结合，依法落实企业法人财产权和经营自主权，激发企业活力、创造力和市场竞争力，打造适应市场竞争要求、以提高核心竞争力和资源配置效率为目标的现代企业。

坚持提高效能。明确国有资产监管重点，调整优化监管职能配置和组织设置，改进监管方式和手段，整合监管资源，优化监管流程，提高监管效率，加强监管协同，推进监管信息共享和动态监管，实现依法监管、分类监管、阳光监管。

坚持党的领导。坚持党对国有企业政治领导、思想领导、组织领导的有机统一，发挥国有企业党组织的领导核心和政治核心作用，把方向、管大局、保落实。健全完善党建工作责任制，落实党建工作主体责任，为国有企业改革发展提供坚强有力的政治保证、组织保证和人才支撑。

二、调整优化监管职能

按照职权法定、规范行权的要求，调整、精简、优化监管职能，将强化出资人监管与落实管党治党责任相结合、落实保值增值责任与搞活企业相结合，做好整合监管职能与优化机构设置的衔接，强化3项管资本职能，精简43项监管事项，整合三方面相关职能。加大简政放权力度，更好维护企业市场主体地位，推动完善现代企业制度，健全各司其职、各负其责、协调运转、有效制衡的国有企业法人治理结构。坚持权力和责任相统一、相匹配，层层建立权力和责任清单，确保企业接住管好精简的监管事项，体现国资监管要求，落实保值增值责任。按照全面从严治党战略部署，严格落实管党治党责任，全面加强国有企业党的建设，保证党和国家方针政策、重大部署在国有企业贯彻执行。

（一）强化管资本职能，落实保值增值责任。

完善规划投资监管。服从国家战略和重大决策，落实国家产业政策和重点产业发展总体要求，调整优化国有资本布局，加大对中央企业投资的规划引导力度，加强对发展战略和规划的审核，制定并落实中央企业国有资本布局结构整体规划。改进投资监管方式，通过制定中央企业投资负面清单、强化主业管理、核定非主业投资比例等方式，管好投资方向，根据投资负面清单探索对部分企业和投资项目实施特别监管制度。落实企业投资主体责任，完善投资监管制度，开展投资项目第三方评估，防止重大违规投资，依法依规追究违规责任。加强对中央企业国际化经营的指导，强化境外投资监管体系建设，加大审核把关力度，严控投资风险。

突出国有资本运营。围绕服务国家战略目标和优化国有资本布局结构，推动国有资本优化配置，提升国有资本运营效率和回报水平。牵头改组组建国有资本投资、运营公司，实施资本运作，采取市场化方式推动设立国有企业结构调整基金、国有资本风险投资基金、中央企业创新发展投资引导基金等相关投资基金。建立健全国有资本运作机制，组织、指导和监督国有资本运作平台开展资本运营，鼓励国有企业追求长远收益，推动国有资本向关系国家安全、国民经济命脉和国计民生的重要行业和关键领域、重点基础设施集中，向前瞻性战略性产业集中,向具有核心竞争力的优势企业集中。

强化激励约束。实现业绩考核与薪酬分配协同联动,进一步发挥考核分配对企业发展的导向作用,实现“业绩升、薪酬升,业绩降、薪酬降”。改进考核体系和办法,突出质量效益与推动转型升级相结合,强化目标管理、对标考核、分类考核,对不同功能定位、不同行业领域、不同发展阶段的企业实行差异化考核。严格贯彻落实国有企业负责人薪酬制度改革相关政策,建立与选任方式相匹配、与企业功能性质相适应、与经营业绩相挂钩的差异化薪酬分配办法。

(二)加强国有资产监督,防止国有资产流失。

坚持出资人管理和监督的有机统一。健全规范国有资本运作、防止国有资产流失的监管制度,加强对制度执行情况的监督检查。增加监督专门力量,分类处置和督办发现的问题,组织开展国有资产重大损失调查,形成发现、调查、处理问题的监督工作闭环。进一步强化监督成果在业绩考核、薪酬分配、干部管理等方面的运用。

强化外派监事会监督。进一步加强和改进监事会监督,完善监督工作体制机制,明确外派监事会由政府派出、作为出资人监督专门力量的职责定位。突出监督重点,围绕企业财务和重大决策、运营过程中可能造成国有资产流失的事项和关键环节以及董事会和经理层依法依规履职情况等重点,着力强化当期和事中监督。改进监事会监督方式,落实外派监事会纠正违规决策、罢免或者调整领导人员的建议权,建立外派监事会可追溯、可量化、可考核、可问责的履职记录制度,提升监督效能。

严格落实责任。建立健全违法违规经营投资责任追究制度体系,完善责任倒查和追究机制,构建权责清晰、约束有效的经营投资责任体系。加大对违法违规经营投资责任的追究力度,综合运用组织处理、经济处罚、禁入限制、党纪政纪处分和追究刑事责任等手段,依法依规查办违法违规经营投资导致国有资产重大损失的案件。

(三)精简监管事项,增强企业活力。

取消一批监管事项。严格按照出资关系界定监管范围。减少对企业内部改制重组的直接管理,不再直接规范上市公司国有股东行为,推动中央企业严格遵守证券监管规定。减少薪酬管理事项,取消中央企业年金方案、中央企业子企业分红权激励方案审批,重点加强事后备案和规范指导。减少财务管理事项,取消与借款费用、股份支付、应付债券等会计事项相关的会计政策和会计估计变更事前备案,重点管控企业整体财务状况。取消中央企业职工监事选举结果、工会组织成立和工会主席选举等事项审批,由企业依法自主决策。

下放一批监管事项。将延伸到中央企业子企业和地方国有企业的管理事项，原则上归位于企业集团和地方国资委。将中央企业所持有部分非上市股份有限公司的国有股权管理方案和股权变动事项，企业集团内部国有股东所持有上市公司股份流转、国有股东与上市公司非重大资产重组、国有股东通过证券交易系统转让一定比例或数量范围内所持有上市公司股份等事项以及中央企业子企业股权激励方案的审批权限，下放给企业集团。国有企业要进一步明确各治理主体行权履职边界，层层落实责任，确保国有资产保值增值。落实国家所有、分别代表原则，将地方国有上市公司的国有股权管理事项的审批权限下放给省级国资委。

授权一批监管事项。结合落实董事会职权等试点工作，将出资人的部分权利授权试点企业董事会行使，同时健全完善制度规范，切实加强备案管理和事后监督。依法将中央企业五年发展战略规划制定权授予试点企业董事会，进一步落实试点企业董事会对经理层成员选聘、业绩考核、薪酬管理以及企业职工工资总额管控、重大财务事项管理的职权，充分发挥董事会的决策作用。试点企业董事会要进一步健全和规范决策制度，明确授权事项在企业内部的决策、执行、监督机制，落实相应责任，严格责任追究。

移交一批社会公共管理事项。落实政资分开原则，立足国有资产出资人代表职责定位，全面梳理配合承担的社会公共管理职能，结合工作实际，提出分类处理建议，交由相关部门和单位行使。

（四）整合相关职能，提高监管效能。

整合国有企业改革职能。对承担的企业重组整合、结构优化、改制上市、规范董事会建设以及解决历史遗留问题等职能进行统筹整合，集中力量加大对改革改制、管理创新和商业模式创新的指导服务力度，加快完善现代企业制度。

整合经济运行监测职能。集中统一开展财务动态监测和经济运行分析，综合分析行业与企业情况、经营与财务情况，及时、准确提供运行数据，全面掌握中央企业运行状况，为国家宏观调控和国有资产监管工作提供基础支撑。

整合推动科技创新职能。明确中央企业科技创新方向和重点任务，整合新兴产业培育、知识产权保护、企业品牌建设等职能，推动企业完善技术创新体系，组建产业协同发展平台，协调落实重大科技政策和项目，更好发挥中央企业在大众创业、万众创新中的引领带动作用。

（五）全面加强党的建设，强化管党治党责任。

建立健全党建工作责任制。强化中央企业党建工作考核，落实“四同步”、“四对接”要求，加强基层党组织和党员队伍建设，保证党组织工作机构健全、党务工作者队伍稳定、党组织和党员作用得到有效发挥。注重加强混合所有制企业党建工作。

加强党的领导与完善公司治理相统一。明确和落实党组织在国有企业法人治理结构中的法定地位，把党建工作总体要求写入公司章程，健全党组织参与重大问题决策的规则和程序，使党组织发挥作用组织化、制度化、具体化。处理好党组织和其他治理主体的关系，明确权责边界，做到无缝衔接。

坚持党管干部原则与市场化机制相结合。保证党对干部人事工作的领导权和对重要干部的管理权，严格执行国有企业领导人员对党忠诚、勇于创新、治企有方、兴企有为、清正廉洁的选任标准，党组织要在确定标准、规范程序、参与考察、推荐人选等方面把好关，按照市场规律对经理层进行管理，建立科学合理的考核评价体系，为国有企业领导人员树立正向激励的鲜明导向。

加大纪检监察工作力度。深入推进党风廉政建设和反腐败斗争。认真落实《中国共产党问责条例》等规定，加大对中央企业党委（党组）和党员领导人员履行管党治党责任不力的问责力度。对国务院国资委党委管理主要负责人的中央企业开展巡视监督，加强对中央企业开展内部巡视的领导和指导。

三、改进监管方式手段

按照事前制度规范、事中跟踪监控、事后监督问责的要求，积极适应监管职能转变和增强企业活力、强化监督管理的需要，创新监管方式和手段，更多采用市场化、法治化、信息化监管方式，提高监管的针对性、实效性。

（一）强化依法监管。

严格依据公司法、企业国有资产法、企业国有资产监督管理暂行条例等法律法规规定的权限和程序行权履职。健全完善国有资产监管法规制度体系，建立出资人监管的权力和责任清单，清单以外的事项由企业依法自主决策。加强公司章程管理，规范董事会运作，严格选派、管理股东代表和董事、监事，注重通过国有企业法人治理结构依法履行出资人职责。

（二）实施分类监管。

针对商业类和公益类国有企业的不同战略定位和发展目标，研究制定差异化的监管目标、监管重点和监管措施，因企施策推动企业改革发展，促进经济效益和社会效益有机统一。在战略规划制定、资本运作模式、人员选用机制、经营业绩考核等方面，实施更加精准有效的分类监管。

（三）推进阳光监管。

依法推进国有资产监管信息公开，主动接受社会监督。健全信息公开制度，加强信息公开平台建设，依法向社会公开国有资本整体运营情况、企业国有资产保值增值及经营业绩考核总体情况、国有资产监管制度和监督检查情况。指导中央企业加大信息公开力度，依法依规公开治理结构、财务状况、关联交易、负责人薪酬等信息，积极打造阳光企业。

（四）优化监管流程。

按照程序简化、管理精细、时限明确的原则，深入推进分事行权、分岗设权、分级授权和定期轮岗，科学设置内设机构和岗位职责权限，确保权力运行协调顺畅。推进监管信息化建设，整合信息资源，统一工作平台，畅通共享渠道，健全中央企业产权、投资、财务等监管信息系统，实现动态监测，提升整体监管效能。

四、切实抓好组织实施

国务院国资委要依据本方案全面梳理并优化调整具体监管职能，相应调整内设机构，明确取消、下放、授权的监管事项，加快制定出资人监管的权力和责任清单，按程序报批后向社会公开。要坚持试点先行，结合企业实际，继续推进简政放权、放管结合、优化服务改革，分类放权、分步实施，确保放得下、接得住、管得好。要积极适应职能转变要求，及时清理完善涉及的国有资产监管法规和政策文件。

各地区可参照本方案要求，结合实际情况，制定本地区国有资产监管机构的职能转变方案。

附件：精简的国资监管事项（共43项）

附件

精简的国资监管事项(共43项)

(一)取消事项(共26项)

序号	事 项 内 容
1	直接规范上市公司国有股东行为
2	指导中央企业评估机构选聘
3	中央企业境外产权管理状况检查
4	审批中央企业子企业分红权激励方案
5	审批中央企业年金方案
6	审批中央企业重组改制中离退休和内退人员相关费用预提方案
7	审批中央企业住房补贴整体方案和负责人异地调动住房补贴方案
8	对中央企业账销案存的事前备案
9	与借款费用、股份支付、应付债券等12个会计事项相关的会计政策和会计估计变更事前备案
10	指导中央企业内部资源整合与合作
11	联合开展全国企业管理现代化创新成果评审和推广
12	指导地方国有企业重组改制上市管理
13	指导中央企业所属科研院所等事业单位改制
14	审批中央企业职工监事选举结果
15	指导中央企业内设监事会工作
16	中央企业职工董事履职管理
17	组织中国技能大赛、中央企业职工技能比赛
18	批复中央企业工会组织成立和工会主席选举有关事项
19	评比表彰中央企业企业文化示范单位
20	指导地方国资委新闻宣传工作
21	直接开展中央企业高级政工师任职资格评定
22	要求中介机构提供对中央企业国有资本经营决算的审计报告
23	指导和监督中央企业开展全员业绩考核工作
24	中央企业信息工作评价
25	中央企业信息化水平评价
26	指导中央企业档案工作

(二)下放事项(共9项)

序号	事项内容
1	审批地方国资委监管企业的上市公司国有股权管理事项
2	审批中央企业所持有非上市股份有限公司的国有股权管理方案和股权变动事项(主业涉及国家安全和国民经济命脉的重要行业和关键领域、主要承担重大专项任务的子企业除外)
3	审批中央企业子企业股权激励方案
4	审批国有股东通过证券交易系统转让一定比例或数量范围内所持有上市公司股份事项
5	审批本企业集团内部的国有股东所持有上市公司股份的无偿划转、非公开协议转让事项
6	审批未导致国有控股股东持股比例低于合理持股比例的公开征集转让、国有股东发行可交换公司债券及所控股上市公司发行证券事项
7	审批国有参股股东所持有上市公司国有股权公开征集转让、发行可交换公司债券事项
8	审批未导致上市公司控股权转移的国有股东通过证券交易系统增持、协议受让、认购上市公司发行股票等事项
9	审批未触及证监会规定的重大资产重组标准的国有股东与所控股上市公司进行资产重组事项

(三)授权事项(共8项)

序号	事项内容
1	制定中央企业五年发展战略规划和年度投资计划
2	经理层成员选聘
3	经理层成员业绩考核
4	经理层成员薪酬管理
5	职工工资总额审批
6	中央企业子企业以非公开协议方式增资及相应的资产评估
7	国有参股企业与非国有控股上市公司重组
8	大额预算外捐赠、重大担保管理和债务风险管控

说明:1. 本表适用于国务院国资委监管范围内中央企业。

2. 下放事项中,第1项下放给地方国资委,第2、3项下放给中央企业,第4－9项下放给国家出资企业。

3. 授权事项将根据企业实际情况,授予落实董事会职权试点企业,国有资本投资、运营公司试点企业。

国务院办公厅关于印发政务信息系统整合共享实施方案的通知

（2017 年 5 月 3 日　国办发〔2017〕39 号）

《政务信息系统整合共享实施方案》已经国务院同意，现印发给你们，请认真贯彻执行。

政务信息系统整合共享实施方案

“十二五”以来，通过统筹国家政务信息化工程建设，实施信息惠民工程等一系列举措，政务信息系统整合共享在局部取得了积极成效，但未能从全局上和根本上解决长期以来困扰我国政务信息化建设的“各自为政、条块分割、烟囱林立、信息孤岛”问题。为更好推动政务信息系统整合共享，根据《国务院关于印发政务信息资源共享管理暂行办法的通知》（国发〔2016〕51 号）、《国务院关于印发“十三五”国家信息化规划的通知》（国发〔2016〕73 号）等有关要求，制定本实施方案。

一、总体要求

（一）指导思想。

全面贯彻党的十八大和十八届三中、四中、五中、六中全会精神，深入贯彻习近平总书记系列重要讲话精神和治国理政新理念新思想新战略，认真落实党中央、国务院决策部署，紧紧围绕统筹推进“五位一体”总体布局和协调推进“四个全面”战略布局，牢固树立和贯彻落实创新、协调、绿色、开放、共享的发展理念，以人民为中心，紧紧围绕政府治理和公共服务的改革需要，以最大程度利企便民，让企业和群众少跑腿、好办事、不添堵为目标，加快推进政务信息系统整合共享，按照“内外联动、点面结合、上下协同”的工作思路，一方面着眼长远，做好顶层设计，促进“五个统一”，统筹谋划，锐意改革；另一方面立足当前，聚焦现实问题，抓好“十件大事”，重点突破，尽快见效。

（二）基本原则。

按照“五个统一”的总体原则，有效推进政务信息系统整合共享，切实避免各自为政、自成体系、重复投资、重复建设。

1. 统一工程规划。围绕落实国家政务信息化工程相关规划，建设“大平台、大数据、大系统”，形成覆盖全国、统筹利用、统一接入的数据共享大平台，建立物理分散、逻辑集中、资源共享、政企互联的政务信息资源大数据，构建深度应用、上下联动、纵横协管的协同治理大系统。

2. 统一标准规范。注重数据和通用业务标准的统一，开展国家政务信息化总体标准研制与应用，促进跨地区、跨部门、跨层级数据互认共享。建立动态更新的政务信息资源目录体系，确保政务信息有序开放、共享、使用。

3. 统一备案管理。实施政务信息系统建设和运维备案制，推动政务信息化建设和运维经费审批在同级政府政务信息共享主管部门的全口径备案。

4. 统一审计监督。开展常态化的政务信息系统和政务信息共享审计，加强对政务信息系统整合共享成效的监督检查。

5. 统一评价体系。研究提出政务信息共享评价指标体系，建立政务信息共享评价与行政问责、部门职能、建设经费、运维经费约束联动的管理机制。

（三）工作目标。

2017 年 12 月底前，整合一批、清理一批、规范一批，基本完成国务院部门内部政务信息系统整合清理工作，初步建立全国政务信息资源目录体系，政务信息系统整合共享在一些重要领域取得显著成效，一些涉及面宽、应用广泛、有关联需求的重要政务信息系统实现互联互通。2018 年 6 月底前，实现国务院各部门整合后的政务信息系统接入国家数据共享交换平台，各地区结合实际统筹推进本地区政务信息系统整合共享工作，初步实现国务院部门和地方政府信息系统互联互通。完善项目建设运维统一备案制度，加强信息共享审计、监督和评价，推动政务信息化建设模式优化，政务数据共享和开放在重点领域取得突破性进展。

纳入整合共享范畴的政务信息系统包括由政府投资建设、政府与社会企业联合建设、政府向社会购买服务或需要政府资金运行维护的，用于支撑政府业务应用的各类信息系统。

二、加快推进政务信息系统整合共享的“十件大事”

（一）“审”“清”结合，加快消除“僵尸”信息系统。结合 2016 年国务院第三次大督查、2015 年审计署专项审计的工作成果，组织开展政务信息系统整合共享专项督查，全面摸清各部门政务信息系统情况。2017 年 6 月底前，通过信息系统审计，掌握各部门信息系统数量、名称、功能、使用范围、使用频度、审批部门、审批时间、经费来源等（审计署牵头，国务院各有关部门配合）。2017 年 10 月底前，基本完成对系统使用与实际业务流程长期脱节、功能可被其他系统替代、所占用资源长期处于空闲状态、运行维护停止更新服务，以及使用范围小、频度低的“僵尸”信息系统的清理工作（国务院各有关部门负责）。

（二）推进整合，加快部门内部信息系统整合共享。推动分散隔离的政务信息系统加快进行整合。整合后按要求分别接入国家电子政务内网或国家电子政务外网的数据共享交换平台。2017 年 6 月底前，国务院各部门根据自身信息化建设实际情况，制定本部门政务信息系统整合共享清单。2017 年 12 月底前，各部门原则上将分散的、独立的信息系统整合为一个互联互通、业务协同、信息共享的“大系统”，对以司局和处室名义存在的独立政务信息系统原则上必须整合（国务院各有关部门负责）。

（三）设施共建，提升国家统一电子政务网络支撑能力。加快推进国家电子政务内网政府系统建设任务落实（国务院办公厅牵头，各地区、各部门负责）。完善国家电子政务外网，健全管理体制机制，继续推进国家电子政务外网二期建设，拓展网络覆盖范围，逐步满足业务量大、实时性高的网络应用需求。2018 年 6 月底前，基本具备跨层级、跨地域、跨系统、跨部门、跨业务的支撑服务能力（国务院办公厅、国家电子政务外网管理中心负责）。除极少数特殊情况外，目前政府各类业务专网都要向国家电子政务内网或外网整合（国务院办公厅牵头，各地区、各部门负责）。

（四）促进共享，推进接入统一数据共享交换平台。加快建设国家电子政务内网数据共享交换平台，完善国家电子政务外网数据共享交换平台，开展政务信息共享试点示范，研究构建多级互联的数据共享交换平台体系，促进重点领域信息向各级政府部门共享（国务院办公厅、国家电子政务外网管理中心、各级数据共享交换平台建设管理单位负责）。2017 年 9 月底前，依托国家电子政务外网数据共享交换平台，初步提供公民、社会组织、企业、事业单位的相关基本信息，同时逐步扩大信息共享内容，完善基础信息资源库的覆盖范围和相关数据标准，优化便捷共享查询方式（国家发展改革委、公安部、民政部、工商总局、中央编办等负责）。2018 年 6 月底前，各部门推进本部门政务信息系统向国家电子政务内网或外网迁移，对整合后的政务信息系统和数据资源按必要程序审核或评测审批后，统一接入国家数据共享交换平台（国务院办公厅会同国家发展改革委牵头组织，各有关部门负责）。

（五）推动开放，加快公共数据开放网站建设。依托国家电子政务外网和中央政府门户网站，建设统一规范、互联互通、安全可控的数据开放网站（www.data.gov.cn）。基于政务信息资源目录体系，构建公共信息资源开放目录，按照公共数据开放有关要求，推动政府部门和公共企事业单位的原始性、可机器读取、可供社会化再利用的数据集向社会开放，开展中国数据创新系列活动，鼓励和引导社会化开发利用（国家发展改革委、国家网信办、国务院办公厅等按职责分工负责）。

（六）强化协同，推进全国政务信息共享网站建设。依托国家电子政务外网，建设完善全国政务信息共享网站（data. cegn. cn），将其作为国家电子政务外网数据共享交换平台的门户，支撑政府部门间跨地区、跨层级的信息共享与业务协同应用。2017 年 7 月底前，全国政务信息共享网站正式开通上线，按照“以试点促建设、以普查促普及、以应用促发展”的工作思路，加强共享网站推广（国家发展改革委、国家电子政务外网管理中心负责）。2017 年 12 月底前，实现信用体系、公共资源交易、投资、价格、自然人（基础数据以及社保、民政、教育等业务数据）、法人（基础数据及业务数据）、能源（电力等）、空间地理、交通、旅游等重点领域数据基于全国政务信息共享网站的共享服务（国家发展改革委牵头组织，各有关部门按职责分工负责）。2018 年 6 月底前，实现各部门政务数据基于全国政务信息共享网站的共享服务（国务院各有关部门负责）。

（七）构建目录，开展政务信息资源目录编制和全国大普查。落实《政务信息资源共享管理暂行办法》有关要求，加快建立政务信息资源目录体系。2017 年 6 月底前，出台《政务信息资源目录编制指南》（国家发展改革委、国家网信办负责）。组织完成面向各地区、各部门的政务信息资源目录体系建设试点和信息共享专题培训工作（国家发展改革委牵头，各有关地区、部门配合）。2017 年 12 月底前，开展对政务信息系统数据资源的全国大普查（国务院办公厅、国家发展改革委牵头，各有关地区、部门配合）。逐步构建全国统一、动态更新、共享校核、权威发布的政务信息资源目录体系。

（八）完善标准，加快构建政务信息共享标准体系。建立健全政务信息资源数据采集、数据质量、目录分类与管理、共享交换接口、共享交换服务、多级共享平台对接、平台运行管理、网络安全保障等方面的标准，推动标准试点应用工作。2017 年 10 月底前，完成人口、法人、电子证照等急需的国家标准的组织申报和立项（国家标准委牵头，国家数据共享交换平台建设管理单位等配合）。

（九）一体化服务，规范网上政务服务平台体系建设。加快推动形成全国统一政务服务平台，统筹推进统一、规范、多级联动的“互联网 + 政务服务”技术和服务体系建设。加快推动国家政务服务平台建设，着力解决跨地区、跨部门、跨层级政务服务信息难以共享、业务难以协同、基础支撑不足等突出问题（国务院办公厅牵头）。各地区、各部门要整合分散的政务服务系统和资源，

2017年12月底前普遍建成一体化网上政务服务平台。按照统一部署，各地区、各部门政务服务平台要主动做好与中央政府门户网站的对接，实现与国家政务服务平台的数据共享和资源接入（各地区、各部门负责）。

（十）上下联动，开展“互联网+政务服务”试点。围绕“互联网+政务服务”的主要内容和关键环节，组织开展培训交流和试点示范（国务院办公厅、国家发展改革委牵头）。加快实施信息惠民工程，在80个城市大力推进“一号一窗一网”试点。2017年7月底前，完成试点城市2016年工作评价（国家发展改革委牵头）。2017年12月底前，试点城市初步实现跨地区、跨部门、跨层级的政务服务（各有关省级政府、试点城市政府负责）。

三、加大机制体制保障和监督落实力度

（一）加强组织领导。各级政府要建立健全政务信息系统统筹整合和政务信息资源共享开放管理制度，加强统筹协调，明确目标、责任、牵头单位和实施机构。强化各级政府及部门主要负责人对政务信息系统统筹整合和政务信息资源共享工作的责任，原则上部门主要负责人为第一责任人。对责任不落实、违反《政务信息资源共享管理暂行办法》规定的地方和部门，要予以通报并责令整改（各地区、各部门负责，国务院办公厅会同国家发展改革委督查落实）。

（二）加快推进落实。各地区、各部门要按照《政务信息资源共享管理暂行办法》有关要求，把信息共享有关工作列入重要日程，按照本方案要求统筹推动本地区、本部门政务信息系统整合共享工作，抓紧制定推进落实的时间表、路线图，加强台账和清单式管理，精心组织实施，每年2月底前向促进大数据发展部际联席会议报告上一年度政务信息资源共享情况（包括政务信息资源目录编制情况、政务信息系统接入统一共享平台进展、数据对接共享和支撑协同应用情况等，报告请径送联席会议办公室〔国家发展改革委〕），切实保障工作进度（各地区、各部门负责），经汇总后向国务院提交政务信息资源共享情况年度报告（促进大数据发展部际联席会议负责）。加强经费保障，政务信息资源整合共享相关项目建设资金纳入政府固定资产投资（各级发展改革部门牵头），政务信息资源整合共享相关工作经费纳入部门预算统筹安排（各级财政部门牵头）。

（三）强化评价考核。充分发挥国家电子政务工作统筹协调机制作用，建立政务信息共享工作评价常态化机制，督促检查政务服务平台体系建设、政务信息系统统筹整合和政务信息资源共享工作落实情况。2017年12月底前，组织制定政务信息共享工作评价办法，每年对各部门提供和使用共享信息情况进行评估，并公布评估报告和改进意见（国务院办公厅、国家发展改革委、国家网信办、中央编办、财政部等负责)。

(四)加强审计监督。审计机关要依法履行职责,加强对政务信息系统的审计,保障专项资金使用的真实性、合法性和效益性,推动完善相关政策制度,审计结果及时报国务院(审计署牵头)。探索政务信息系统审计的方式方法,2017 年 12 月底前形成具体工作方案(审计署牵头,国家发展改革委、国家网信办配合)。

(五)优化建设模式。推动政务信息化建设投资、运维和项目建设模式改革,鼓励推广云计算、大数据等新技术新模式的应用与服务,提升集约化建设水平(国家发展改革委、财政部牵头)。2017 年 9 月底前,修订《国家电子政务工程建设项目管理暂行办法》,进一步简化审批流程,完善社会投资参与的相关规定(国家发展改革委牵头)。2017 年 12 月底前,制定电子政务服务采购管理相关办法,完善政府购买信息系统、数据中心、数据资源等信息化服务的相关政策(财政部牵头)。

(六)建立备案制度。相关部门申请政务信息化项目建设和运维经费时,应及时向同级政府政务信息共享主管部门全口径备案。加强项目立项建设和运行维护信息采集,掌握项目名称、建设单位、投资额度、运维费用、经费渠道、数据资源、应用系统、等级保护和分级保护备案情况等内容,在摸清底数的前提下,加大管理力度。对不符合共建共享要求的项目,相关部门不予审批,不拨付运维经费。加大对国家统一电子政务网络、数据共享交换平台等公共性基础性平台的运维经费保障力度,逐步减少直至取消信息孤岛系统和利用程度低的专网的运维经费。2017 年 12 月底前,研究建立政务信息化项目建设投资审批和运维经费审批的跨部门联动机制(国务院办公厅、国家发展改革委、财政部、中央编办等负责)。

(七)加强安全保障。强化政务信息资源共享网络安全管理,推进政务信息资源共享风险评估,推动制定完善个人隐私信息保护的法律法规,切实按照相关法律法规要求,保障政务信息资源使用过程中的个人隐私(国家网信办牵头)。加强政务信息资源采集、共享、使用的安全保障工作,凡涉及国家秘密的,应当遵守有关保密法律法规的规定(各地区、各部门负责)。加强统一数据共享交换平台安全防护,切实保障政务信息资源共享交换的数据安全(各级数据共享交换平台建设管理单位负责)。

国务院办公厅关于加快推进“多证合一”改革的指导意见

（2017 年 5 月 5 日　国办发〔2017〕41 号）

“五证合一”、“两证整合”登记制度改革的相继实施有效提升了政府行政服务效率，降低了市场主体创设的制度性交易成本，激发了市场活力和社会创新力，但目前仍然存在各类证照数量过多、“准入不准营”、简政放权措施协同配套不够等问题。为进一步优化营商环境，经国务院同意，现就加快推进“多证合一”改革提出以下意见。

一、统一思想，充分认识推行改革的重要意义

在全面实施企业、农民专业合作社工商营业执照、组织机构代码证、税务登记证、社会保险登记证、统计登记证“五证合一、一照一码”登记制度改革和个体工商户工商营业执照、税务登记证“两证整合”的基础上，将涉及企业（包括个体工商户、农民专业合作社，下同）登记、备案等有关事项和各类证照（以下统称涉企证照事项）进一步整合到营业执照上，实现“多证合一、一照一码”，是贯彻中央关于推进供给侧结构性改革决策部署，推进简政放权、放管结合、优化服务的重要内容，是进一步推动政府职能转变、深化行政审批制度改革的重要途径，是深化商事制度改革、进一步释放改革红利的重要抓手；对于推动市场在资源配置中起决定性作用和更好发挥政府作用，构建“互联网 +”环境下政府新型管理方式、营造便利宽松的创业创新环境和公开透明平等竞争的营商环境，建立程序更为便利、内容更为完善、流程更为优化、资源更为集约的市场准入新模式，促进提高劳动生产率具有重要意义。各地区、各部门要高度重视，积极作为，把这项改革的实施工作摆在重要位置，采取切实有力措施，确保“多证合一”改革在 2017 年 10 月 1 日前落到实处、取得实效。

二、认真梳理涉企证照事项，全面实行“多证合一”

坚持“多证合一”和行政审批制度改革相结合，按照市场化改革方向，充分发挥市场在资源配置中的决定性作用。各地区要按照能整合的尽量整合、能简化的尽量简化、该减掉的坚决减掉的原则，全面梳理、分类处理涉企证照事项，将信息采集、记载公示、管理备查类的一般经营项目涉企证照事项，以及企业登记信息能够满足政府部门管理需要的涉企证照事项，进一步整合到营业执照上，被整合证照不再发放，实行“多证合一、一照一码”，使企业在办理营业执照后即能达到预定可生产经营状态，大幅度缩短企业从筹备开办到进入市场的时间。对于市场机制能够有效调节、企业能够自主管理的事项以及可以通过加强事中事后监管达到原设定涉企证照事项目的的，要逐步取消或改为备案管理。对于关系公共安全、经济安全、生态安全、生产安全、意识形态安全的涉企证照事项继续予以保留，要实行准入清单管理。对于没有法律法规依据、非按法定程序设定的涉企证照事项一律取消。

三、深化信息共享和业务协同，简化企业准入手续

坚持互联互通与数据共享相结合，大力推进信息共享，能向社会公开的尽量公开，打通信息孤岛。各地区要依托已有设施资源和政府统一数据共享交换平台，进一步完善省级信用信息共享平台、国家企业信用信息公示系统、部门间的数据接口，在更大范围、更深层次实现部门间企业基础信息和相关信用信息共享、业务协同。各地区要加快制定政府数据资源共享目录体系和管理办法，建立区域内统一标准的市场主体信息库，构建统一高效、互联互通、安全可靠的政府数据资源体系，打破部门和行业信息壁垒。从严控制个性化信息采集，凡是能通过信息共享获取的信息和前序流程已收取的材料，不得要求企业和群众重复提交；凡是能通过网络核验的信息，不得要求其他单位和申请人重复提交；凡是应由行政机关及相关机构调查核实的信息，由部门自行核实，实现相同信息"一次采集、一档管理"，避免让企业重复登记、重复提交材料。

四、完善工作流程，做好改革衔接过渡

各地区要在"五证合一"登记制度改革工作机制及技术方案的基础上，继续全面实行"一套材料、一表登记、一窗受理"的工作模式，申请人办理企业注册登记时只需填写"一张表格"，向"一个窗口"提交"一套材料"。登记部门直接核发加载统一社会信用代码的营业执照，相关信息在国家企业信用信息公示系统公示，并及时归集至全国信用信息共享平台。企业不再另行办理"多证合一"涉及的被整合证照事项，相关部门通过信息共享满足管理需要。已按照"五证合一"登记模式领取加载统一社会信用代码营业执照的企业，不需要重新申请办理"多证合一"登记，由登记机关将相关登记信息通过全国信用信息共享平台共享给被整合证照涉及的相关部门。企业原证照有效期满、申请变更登记或者申请换发营业执照的，由登记机关换发加载统一社会信用代码的营业执照。

五、推进"互联网+政务服务"，不断提高服务效率

坚持优化政务服务与推进"互联网+"相结合，优化审批流程，提高审批效率，提升透明度和可预期性。各地区要加快一体化网上政务服务平台建设，打造"互联网+"模式下方便快捷、公平普惠、优质高效的政务服务体系。推进各类涉企证照事项线上并联审批,优化线上、线下办事流程,简化办事手续,减少办事环节,降低办事成本,实现"一网通办、一窗核发"。要推进涉企证照事项标准化管理,在全面梳理、分类处理的基础上,全面公开涉企证照事项目录和程序,明晰具体受理条件和办理标准,列明审查要求和时限,实现服务事项标准化。

六、加强事中事后监管,促进服务效能提升

坚持便捷准入与严格监管相结合,以有效监管保障便捷准入,防止劣币驱逐良币,提高开办企业积极性。各地区、各部门要切实转变理念,精简事前审批,加强事中事后监管,探索市场监管新模式。要全面推行"双随机、一公开"监管,按照"谁审批、谁监管,谁主管、谁监管"的原则,强化主动监管、认真履职意识,明确监管责任。要建立以信用为核心的新型监管机制,依托全国信用信息共享平台不断完善政府部门之间信息共享与联合惩戒机制,充分发挥国家企业信用信息公示系统和"信用中国"网站的作用,强化企业自我约束功能,降低市场交易风险,减少政府监管成本,提高经济运行效率。

七、推进"一照一码"营业执照广泛应用,推动改革落地

坚持"多证合一"与推进"一照一码"营业执照应用相结合,打通改革成果落地的"最后一公里"。各地"多证合一"改革情况不同,证照整合项目、形式不同,各地区、各部门要加快完善各自相关信息系统,互认"一照一码"营业执照的法律效力,推进"一照一码"营业执照在区域内、行业内的互认和应用。对于被整合证照所涵盖的原有事项信息,不得再要求企业提供额外的证明文件,使"一照一码"营业执照成为企业唯一"身份证",使统一社会信用代码成为企业唯一身份代码,实现企业"一照一码"走天下。

八、强化中央和地方联动,统筹稳妥推进改革

坚持统筹推进与因地制宜相结合,鼓励地方大胆探索实践,自下而上,上下联动。各省级人民政府要结合实际,鼓励基层探索实践。要及时总结改革经验,巩固改革成果,不断扩大"多证合一"的覆盖范围。国务院各相关部门要解放思想,锐意进取,主动作为。各地区、各部门要按照职责分工,加强衔接配合,积极推进改革。要做好对改革政策的解读和宣传工作,形成推动改革落地见效的良好氛围,确保"多证合一"改革各项措施顺利推进。

九、完善配套制度和政策,确保改革于法有据

坚持基层先行先试与依法推动相结合,大力推进相关法律法规制修订和改革配套政策联动。各地区、各部门在推进"多证合一"改革时,要充分做好沟通和衔接工作,在全面梳理、分类处理涉企证照事项的基础上,对确需在全国范围内合并的事项中涉及法律、法规、规章和规范性文件修改、完善和清理的,要按照职责分工，依照法定程序开展相关工作，确保改革在法治轨道上推进。

十、加强窗口建设，做好人员、设施、经费保障

坚持内强素质与外提能力相结合，以内挖潜力、充分利用原有设施为重点，做好人员、设施、经费保障工作。“多证合一”改革后，基层登记窗口压力将进一步增大。各地区要通过合理调整、优化机构和人员配置，配足配强窗口人员队伍，确有必要时可以采用政府购买服务等方式，提高窗口服务能力。要加强窗口工作人员培训，提高业务素质。要优化支出结构，加强窗口软硬件设施配备，做好信息化保障。

十一、加强督查考核，完善激励机制

坚持鼓励先进与鞭策落后相结合，充分调动干事创业积极性、主动性。各地区要通过制定任务清单、将落实情况纳入政府工作考核内容等方式，把“多证合一”改革摆进地方经济社会发展大局考虑，加强督查，形成有效激励机制和容错纠错机制。要对接国际营商环境指标，加强对本地区营商环境便利化的评估和排名工作，建立开办企业时间统计通报制度，研究建立新生市场主体统计调查、监测分析制度。相关部门要组织联合督导，对改革进展情况进行监督检查。

国务院关于进一步削减工商登记前置审批事项的决定

（2017 年 5 月 7 日　国发〔2017〕32 号）

经研究论证，国务院决定，进一步削减工商登记前置审批事项，将以下 5 项工商登记前置审批事项改为后置审批：省级人民政府商务行政主管部门实施的设立典当行及分支机构审批；省级人民政府新闻出版广电行政主管部门实施的设立中外合资、合作印刷企业和外商独资包装装潢印刷企业审批，设立从事出版物印刷经营活动的企业审批；中国民用航空局实施的外航驻华常设机构设立审批、民用航空器（发动机、螺旋桨）生产许可。建议将 1 项依据有关法律设立的工商登记前置审批事项改为后置审批，国务院将依照法定程序提请全国人民代表大会常务委员会修订相关法律规定。

各地区、各相关部门要抓紧做好以上事项改为后置审批的落实和衔接，增强工作紧迫感，加快推进配套改革和相关制度建设，进一步改进事中事后监管措施，确保安全责任落实到位。

国务院办公厅关于印发开展基层政务公开标准化规范化试点工作方案的通知

（2017年5月9日　国办发〔2017〕42号）

《开展基层政务公开标准化规范化试点工作方案》已经国务院同意，现印发给你们，请认真贯彻落实。

开展基层政务公开标准化规范化试点工作方案

推进决策、执行、管理、服务、结果公开（以下统称“五公开”）是党的十八届四中全会部署的重要改革任务。开展基层政务公开标准化规范化试点，是推进“五公开”工作的具体举措，对于深化基层政务公开，提高行政效能，加快建设法治政府、服务型政府，具有重要意义。根据党中央、国务院的部署和要求，现就开展基层政务公开标准化规范化试点工作，制定以下方案。

一、总体要求

（一）指导思想。全面贯彻党的十八大和十八届三中、四中、五中、六中全会精神，深入贯彻习近平总书记系列重要讲话精神和治国理政新理念新思想新战略，坚持以人民为中心的发展思想，认真落实党中央、国务院关于全面推进政务公开的决策部署，围绕权力运行全流程、政务服务全过程，立足试点探索，紧密联系实际，积极推进基层政务公开标准化规范化，全面提升基层政务公开和政务服务水平。

（二）基本原则。

坚持需求导向。围绕与群众关系密切的行政行为和服务事项，充分听取群众意见，按照“应公开、尽公开”要求全面梳理公开事项，细化公开内容，进一步提高基层政务公开的针对性、实效性。

注重重点突破。按照“先试点、后推开”的工作思路，以涉及群众利益、社会普遍关注的领域和服务事项为重点，选取部分县（市、区）先行试点、总结经验，以点带面，逐步扩大到基层政府的所有政务领域和服务事项。

强化标准引领。基于政务公开的基本要求,探索建立全国统一的政务公开标准体系,并根据实际情况定期调整和更新,推进政务公开与政务服务标准化有机融合。

适应基层特点。立足基层政府直接联系服务群众的实际,结合各部门各行业特点,积极探索高效、便捷的公开方式,及时、准确公开影响群众权利义务的行政行为和服务事项,让群众看得到、听得懂、易获取、能监督、好参与。

(三)工作目标。2018 年底前,总结试点经验做法,形成可复制、可推广、可考核的基层政务公开标准和规范,为在全国全面推行奠定基础。

二、试点范围

根据各地区实际情况和政务公开工作基础,确定在北京市、安徽省、陕西省等 15 个省(区、市)的 100 个县(市、区)(以下称试点单位),重点围绕城乡规划、重大建设项目、公共资源交易、财政预决算、安全生产、税收管理、征地补偿、拆迁安置、保障性住房、农村危房改造、环境保护、公共文化服务、公共法律服务、扶贫救灾、食品药品监管、城市综合执法、就业创业、社会保险、社会救助、养老服务、户籍管理、涉农补贴、义务教育、医疗卫生、市政服务等方面开展试点工作(《试点单位及试点内容表》附后)。承担试点任务的省(区、市)在做好试点工作的同时,可以结合实际适当增加试点内容。

未纳入试点的其他省(区、市),可参照本方案自行组织开展试点工作。

三、重点任务

承担试点任务的省(区、市)人民政府要按本方案确定的试点范围认真组织实施,重点做好以下工作:

(一)梳理政务公开事项。要组织试点单位对试点范围涉及的公开事项,依据权责清单和公共服务事项进行全面梳理,并按条目方式逐项细化分类,确保公开事项分类科学、名称规范、指向明确。

(二)编制政务公开事项标准。在全面梳理细化基础上,逐项确定每个具体事项的公开标准,至少应包括公开事项的名称、依据以及应公开的内容、主体、时限、方式等要素,汇总编制政务公开事项标准目录,并实行动态调整。

(三)规范政务公开工作流程。在编制政务公开事项标准的同时,按照转变政府职能和推进"五公开"的要求,全面梳理和优化政务公开工作流程,健全工作机制,推动发布、解读、回应有序衔接,实现决策、执行、管理、服务、结果全过程公开。

(四)完善政务公开方式。按照政府网站建设管理的有关要求,加快推进政务公开平台标准化规范化,加强政府网站内容建设和管理,发挥政府网站信息公开第一平台作用。根据基层实际情况,综合利用政务新媒体、广播、电视、报纸、公示栏等平台和办事大厅、便民服务窗口等场所,多渠道发布政务信息,方便公众查询或获取。

四、工作进度

(一)制定实施方案。试点工作启动后,承担试点任务的省(区、市)人民政府要结合实际抓紧制定具体实施方案,细化任务措施,于2017年8月底前报送国务院办公厅备案。

(二)组织开展试点。承担试点任务的省(区、市)人民政府要组织指导试点单位围绕试点范围,有力有序开展试点。试点时间为期一年,2018年8月底前完成试点各项任务。

(三)组织试点验收。承担试点任务的省(区、市)人民政府要于2018年9月底前,对本地区试点总体情况、主要做法和成效、存在的问题及建议等进行总结,形成试点工作总体报告,报送国务院办公厅。

五、保障措施

(一)加强组织领导。承担试点任务的省(区、市)人民政府要高度重视,按照本方案确定的原则目标、试点内容和工作进度,精心组织实施,加强经费保障;各级政务公开领导小组要发挥统筹协调作用,及时研究解决试点工作中的困难和问题,确保试点工作顺利开展、取得实效;试点单位要进一步强化机构和人员保障,确保有专人负责推进试点相关工作。国务院有关部门要抓紧编制完成本部门本系统主动公开事项基本目录,同时对试点工作提供必要的指导和支持。国务院标准化主管部门要配合做好试点工作跟踪评估、参与制定政务公开相关标准等工作。

(二)鼓励探索创新。试点单位要充分认识试点工作的重要意义,在省(区、市)人民政府的组织领导下,结合实际开展试点,积极探索,创新工作机制和方式方法,深入推进“五公开”和政策解读、回应关切、公众参与等工作的标准化规范化。要通过开展社会评价或者第三方评估,广泛收集公众对试点工作及成效的评价意见,持续改进工作,不断提升公众满意度和获得感。

(三)加强工作交流。承担试点任务的省(区、市)人民政府要在政府网站首页开设试点工作专题,集中展示本地区各试点单位的试点工作情况,并采取多种方式加强交流,促进相互学习借鉴。国务院办公厅将跟踪了解试点工作进展情况,适时对试点单位的经验做法组织交流。

(四)做好考核评估。承担试点任务的省(区、市)人民政府要建立激励机制,加强督促检查,把试点任务纳入政务公开工作绩效考核。国务院办公厅将对试点工作进行总结评估,提出在全国基层政府推广的意见,并对试点工作成效突出的地方给予通报表扬。

附件:试点单位及试点内容表

附件

试点单位及试点内容表

<table>
<tr><th>序号</th><th>组织实施省份(15个)</th><th>试点单位(100个)</th><th>试点内容</th></tr>
<tr><td>1</td><td>北京市</td><td>东城区、西城区、朝阳区、海淀区、昌平区(共5个)</td><td rowspan="5">城乡规划、重大建设项目、财政预决算、税收管理、环境保护、食品药品监管、安全生产、公共文化服务、公共法律服务等方面</td></tr>
<tr><td>2</td><td>内蒙古自治区</td><td>呼和浩特市新城区、包头稀土高新区、兴安盟乌兰浩特市、通辽市开鲁县、赤峰市克什克腾旗、锡林郭勒盟镶黄旗、乌海市海勃湾区(共7个)</td></tr>
<tr><td>3</td><td>江苏省</td><td>南京市建邺区、无锡市滨湖区、徐州市新沂市、常州市天宁区、苏州工业园区、南通市如皋市、宿迁市沭阳县(共7个)</td></tr>
<tr><td>4</td><td>云南省</td><td>保山市腾冲市、昭通市绥江县、楚雄彝族自治州楚雄市、楚雄彝族自治州姚安县、红河哈尼族彝族自治州开远市、红河哈尼族彝族自治州弥勒市(共6个)</td></tr>
<tr><td>5</td><td>陕西省</td><td>西安市未央区、宝鸡市岐山县、咸阳市彬县、渭南市华州区、延安市安塞区、榆林市靖边县、安康市紫阳县(共7个)</td></tr>
<tr><td>6</td><td>上海市</td><td>浦东新区、徐汇区、普陀区、虹口区、金山区(共5个)</td><td rowspan="4">就业创业、社会救助、社会保险、户籍管理、医疗卫生、涉农补贴、城市综合执法、养老服务等方面</td></tr>
<tr><td>7</td><td>河南省</td><td>长垣县、济源市、汝州市、郑州市上街区、开封市祥符区、洛阳市洛龙区、安阳市汤阴县、信阳市潢川县(共8个)</td></tr>
<tr><td>8</td><td>湖南省</td><td>长沙市浏阳市、株洲市株洲县、衡阳市衡阳县、常德市武陵区、岳阳市平江县、郴州市资兴市、永州市蓝山县(共7个)</td></tr>
<tr><td>9</td><td>广东省</td><td>广州市海珠区、深圳市罗湖区、佛山市禅城区、梅州市平远县、惠州市博罗县、肇庆市高要区、云浮市新兴县(共7个)</td></tr>
</table>

续表

序号	组织实施省份（15个）	试点单位(100个)	试点内容
10	贵州省	贵阳市南明区、遵义市播州区、遵义市凤冈县、六盘水市六枝特区、黔西南布依族苗族自治州兴义市、黔西南布依族苗族自治州贞丰县(共6个)	征地补偿、拆迁安置、保障性住房、农村危房改造、扶贫救灾、市政服务、公共资源交易、义务教育等方面
11	黑龙江省	哈尔滨市道里区、齐齐哈尔市龙沙区、牡丹江市东宁市、佳木斯市汤原县、大庆市杜尔伯特蒙古族自治县、鸡西市密山市、绥化市肇东市(共7个)	
12	浙江省	杭州市拱墅区、宁波市江北区、温州市瓯海区、嘉兴市嘉善县、金华市义乌市、衢州市江山市、台州市临海市(共7个)	
13	安徽省	合肥市庐阳区、亳州市蒙城县、宿州市灵璧县、滁州市定远县、六安市金寨县、宣城市宁国市、铜陵市义安区、黄山市徽州区(共8个)	
14	四川省	成都市新津县、攀枝花市西区、泸州市合江县、德阳市什邡市、绵阳市盐亭县、广元市青川县、达州市万源市、凉山彝族自治州西昌市(共8个)	
15	宁夏回族自治区	银川市贺兰县、石嘴山市平罗县、吴忠市青铜峡市、固原市彭阳县、中卫市海原县(共5个)	

国务院办公厅关于县域创新驱动发展的若干意见

（2017 年 5 月 11 日　国办发〔2017〕43 号）

实施创新驱动发展战略，基础在县域，活力在县域，难点也在县域。新形势下，支持县域开展以科技创新为核心的全面创新，推动大众创业、万众创新，加快实现创新驱动发展，是打造发展新引擎、培育发展新动能的重要举措，对于推动县域经济社会协调发展、确保如期实现全面建成小康社会奋斗目标具有重要意义。经过多年努力，我国县域科技创新取得了长足进步，对县域经济社会发展的支撑作用显著增强，但总体仍然比较薄弱，区域发展不平衡等现象突出。为贯彻落实全国科技创新大会精神，全面实施《国家创新驱动发展战略纲要》，推动实现县域创新驱动发展，现提出以下意见。

一、总体要求

（一）指导思想。

全面贯彻党的十八大和十八届三中、四中、五中、六中全会精神，深入贯彻习近平总书记系列重要讲话精神和治国理政新理念新思想新战略，按照党中央、国务院决策部署，统筹推进“五位一体”总体布局和协调推进“四个全面”战略布局，牢固树立和贯彻落实新发展理念，发挥科技创新在县域供给侧结构性改革中的支撑引领作用，强化科技与县域经济社会发展有效对接，打通从科技强、产业强到经济社会发展强的通道。以建设创新型县（市）和创新型乡镇为抓手，深入推动大众创业、万众创新，整合优化县域创新创业资源，构建多层次、多元化县域创新创业格局，推动形成县域创新创业新热潮，以创业带动就业，培育新动能、发展新经济，促进实现县域创新驱动发展。

（二）基本原则。

——创新驱动。坚持创新是引领发展的第一动力，加强创新资源共享，完善创业培育服务，激发全社会创新创业活力，推动大众创业、万众创新向更大范围、更高层次、更深程度发展，加快形成具有县域特色的创新驱动发展路径。

——人才为先。坚持把人才作为支撑县域创新发展的第一资源，实施更加积极的创新创业激励和人才吸引政策，优化县域人才环境，加快培育集聚创新创业人才队伍。

——需求导向。紧扣县域经济社会发展内在需求，提高科技创新供给质量和效率,集聚各类创新资源,促进产学研用结合,加快先进适用科技成果向县域转移转化,做大做强县域特色产业。

——差异发展。坚持分类指导、精准施策,结合县域经济社会发展水平和定位,因地制宜确定县域创新驱动发展的目标和任务,加快经济发展方式转变和社会转型,推动实现县域差异化、可持续发展。

(三)主要目标。

到2020年,县域创新驱动发展环境显著改善,创新驱动发展能力明显增强,全社会科技投入进一步提高,公民科学素质整体提升,大众创业、万众创新的氛围更加浓厚,形成经济社会协调发展的新格局,为我国建成创新型国家奠定基础。

到2030年,县域创新驱动发展环境进一步优化,创新驱动发展能力大幅提升,创新创业活力有效释放,产业竞争力明显增强,城乡居民收入显著提高,生态环境更加友好,为跻身创新型国家前列提供有力支撑。

二、重点任务

(四)加快产业转型升级。

落实区域发展总体战略和主体功能区规划,支持城镇化地区整合各类创新资源,推动制造、加工等传统产业改造升级,加大新一代信息网络、智能绿色制造等产业关键技术推广应用,培育具有核心竞争力的产业集群。支持农产品主产区加快发展农业高新技术产业,促进农业与旅游休闲、教育文化、健康养生等产业深度融合,发展观光农业、体验农业、创意农业、电子商务、物流等新业态,推动商业模式创新,走产出高效、产品安全、资源节约、环境友好的现代农业发展道路,带动农民增收致富。实施农业产业竞争力提升科技行动,建设国家现代农业产业科技创新中心。支持重点生态功能区以保护自然生态为前提、以资源承载能力和环境容量为基础,科学有度有序开发,促进人口、经济、资源环境均衡发展。结合地方资源禀赋和发展基础,发展知识产权密集型产业,促进县域特色主导产业绿色化、品牌化、高端化、集群化发展。

(五)培育壮大创新型企业。

找准县域创新驱动发展的着力点,加强企业技术创新平台和环境建设,在有条件的县(市)培育一批具有较强自主创新能力和国际竞争力的高新技术企业。加快实施《促进科技成果转移转化行动方案》,指导县域内企业加强与高等学校、科研院所的产学研合作,支持有条件的县(市)加强基础研究成果转化和产业化。引导金融机构支持县域科技创新,提升县域科技资源配置和使用效率。支持符合条件的高成长性科技企业上市,引导企业有效利用主板、中小板、创业板、新三板、区域性股权交易市场等多层次资本市场融资。鼓励有条件的县(市)设立科技成果转化基金、创业投资引导基金等,引导社会资本投资初创期、种子期科技型中小企业。鼓励有条件的县(市)采取科技创新券等科技经费后补助措施,支持小微企业应用新技术、新工艺、新材料,发展新服务、新模式、新业态,培育一批掌握行业“专精特新”技术的科技“小巨人”企业。

(六)集聚创新创业人才。

发挥企业家在县域创新驱动发展中的关键作用,营造有利于创新型企业家发展的良好环境,支持企业家整合技术、资金、人才等资源,加快企业创新发展。深入推行科技特派员制度,支持科技领军人才、高技能人才、专业技术人才等到县域开展创业服务,引导高校毕业生到县域就业创业,推进农村大众创业、万众创新。推广“科技镇长团”、“博士服务团”等模式,发挥乡土人才等农村实用人才作用,提升县域人才集聚和创新管理服务能力。落实《中华人民共和国促进科技成果转化法》、《实施〈中华人民共和国促进科技成果转化法〉若干规定》,通过股权期权激励等措施,让创新人才在科技成果转移转化过程中得到合理回报,激发各类人才的创新创业活力。加强农民就业创业培训,培育新型职业农民,推动农村劳动力转移就业。

(七)加强创新创业载体建设。

科学编制县城总体规划,支持有条件的县(市)高起点规划、高标准建设高新技术产业开发区、农业科技园区、火炬特色产业基地等创新创业平台,并将相关园区纳入县城总体规划统一管理,引领县域创新驱动发展。推动符合条件的科技园区升级为国家高新技术产业开发区,建设若干国家农业高新技术产业开发区。在有条件的县(市)建设创新型县(市)、创新型乡镇。结合县域需求实际,依托科技园区、高等学校、科研院所等,加快发展“互联网+”创业网络体系,建设一批低成本、便利化、全要素、开放式的众创空间、“星创天地”,降低创业门槛,促进创业与创新、创业与就业、线上与线下相结合。鼓励国家(重点)实验室、国家工程(技术)研究中心、高等学校新农村发展研究院等各类创新平台在县域开展应用示范,实现开放共享,为大众创业、万众创新提供有力支撑。推动县域生产力促进中心建设,提升知识产权代理、交易、咨询、评估等服务水平。

(八)促进县域社会事业发展。

加大大气污染防治、土壤治理、水环境保护、资源高效利用等领域核心关键技术转化应用力度,强化重点地区生态保护与修复。围绕重大慢病防控、人口老龄化应对等人口健康重大问题,加强疾病防治技术普及推广,加快临床医学研究中心协同创新网络向县域发展,推进健康中国建设。开展集生产生活、文化娱乐、科技教育、医疗卫生等多种服务功能于一体的社区综合技术集成与应用,推动科技成果更多惠及民生改善。加快实施“雪亮工程”,推进县域公共安全视频监控建设和联网应用,加强县乡村三级综合治理信息化建设,提高县域社会治安综合治理科技化水平,建设平安中国。充分发挥市场主体作用,结合地方特色产业基础和发展潜力,加大对经济发达镇、特色小镇、专业小镇、技术创新专业镇等的支持力度,建设美丽乡村。

(九)创新驱动精准扶贫精准脱贫。

实施科技扶贫行动,强化科技创新对精准扶贫、精准脱贫的支撑引领作用,瞄准县域脱贫攻坚中存在的科技和人才短板,动员全社会科技资源投身脱贫攻坚,提升县域发展的内生动力。精准对接贫困地区发展的科技需求,加强先进、成熟、适用技术的应用推广和集成示范,支持发展优势特色产业。推进创业式扶贫,激发贫困地区的创新创业热情,提高农民技能素质,以创业式扶贫带动产业发展,帮助建档立卡贫困户脱贫致富。

(十)加大科学普及力度。

把县域科学普及摆在与科技创新同等重要的位置,深入开展农业科技教育培训和农村科普活动,切实提高农民科学素质。以社会主义核心价值观为引领,着重在县域普及科学知识、弘扬科学精神、传播科学思想、倡导科学方法,推动形成讲科学、爱科学、学科学、用科学的良好氛围。充分发挥县级学会、企业科协、农技协开展农村科普的独特优势和科技社团促进科技成果转移转化的纽带作用,面向县域有针对性地开展科学普及和信息服务。提高县域中小学科普教育质量,为青少年提供更多参加科普活动的机会。

(十一)抓好科技创新政策落地。

加强国家与地方科技创新政策衔接,加大普惠性科技创新政策落实力度,落实企业研发费用税前加计扣除、高新技术企业所得税优惠等创新政策。加大创新产品和服务采购力度,鼓励采用首购、订购等方式支持县域企业发展。面向县域企业等创新主体加强政策培训解读,建立县域科技创新政策落实督查机制,帮助企业更好享受优惠政策。

三、保障措施

(十二)加强组织领导。

推动部省市县联动,建立适应县域创新驱动发展的组织领导体制和工作推进体系,科学谋划创新发展工作格局。强化县(市)科技管理队伍建设,提高县(市)科技部门管理和服务能力,加强对乡镇科技工作的指导。支持有条件的县(市)制定创新发展规划,在科技管理、知识产权运用和保护、人才吸引等方面探索先行先试改革措施。

（十三）加大支持力度。

国务院各有关部门要加强对县域创新驱动发展的政策扶持，通过技术创新引导专项（基金）、人才支持计划等，支持县域开展科技创新创业。各地要积极支持县域开展科技创新活动，确保一定比例的科技创新项目、一定数量的科技创新平台和载体在县域落地。

（十四）开展监测评价。

实施国家创新调查制度，开展县（市）创新能力监测，加强县（市）创新驱动发展战略研究，优化区域创新布局。指导有条件的地方参照国家创新调查制度开展各具特色的区域创新调查工作。

（十五）做好宣传总结。

在推动县域创新驱动发展中及时发现新典型、总结新模式、探索新机制，按照国家有关规定对先进单位、先进个人进行奖励和表彰。宣传推广各地成功经验和做法，形成全社会支持县域创新驱动发展的良好局面。

国务院办公厅关于支持社会力量提供多层次多样化医疗服务的意见

（2017年5月16日　国办发〔2017〕44号）

鼓励社会力量提供医疗服务，是深化医改、改善民生、提升全民健康素质的必然要求，是繁荣壮大健康产业、释放内需潜力、推动经济转型升级的重要举措，对推进健康中国建设、全面建成小康社会具有重要意义。新一轮医改以来特别是党的十八大以来，深化医改取得重大进展和明显成效，基本医疗卫生服务公平性、可及性显著提升，健康服务业政策环境明显改善，社会办医加快发展。随着我国经济社会发展和人民生活水平提高，多样化、差异化、个性化健康需求持续增长，社会办医服务内容和模式有待拓展升级，同时仍存在放宽准入不彻底、扶持政策不完善、监管机制不健全等问题。在切实落实政府责任、保障人民群众基本医疗卫生需求的基础上，为进一步激发医疗领域社会投资活力，调动社会办医积极性，支持社会力量提供多层次多样化医疗服务，经国务院同意，现提出以下意见：

一、总体要求

（一）指导思想。全面贯彻党的十八大和十八届三中、四中、五中、六中全会精神，深入贯彻习近平总书记系列重要讲话精神和治国理政新理念新思想新战略，认真落实党中央、国务院决策部署，统筹推进“五位一体”总体布局和协调推进“四个全面”战略布局，牢固树立和贯彻落实创新、协调、绿色、开放、共享的发展理念，坚持以人民为中心的发展思想，紧紧围绕推进健康中国建设，坚定不移深化医改，以提高人民健康水平为核心，坚持基本医疗卫生事业的公益性，把基本医疗卫生制度作为公共产品向全民提供，确保实现人人享有基本医疗卫生服务，正确处理政府和市场关系，在基本医疗卫生服务领域坚持政府主导并适当引入竞争机制，在非基本医疗卫生服务领域市场要有活力，持续深化简政放权、放管结合、优化服务改革，落实政府责任，加强规范管理和服务监管，加快推进医疗服务领域供给侧结构性改革，培育经济发展新动能，满足群众多样化、差异化、个性化健康需求。

（二）基本原则。

以人为本、统筹推进。把提升全民健康素质作为根本出发点和落脚点，利用全社会资源加快补齐医疗事业发展短板，坚持把社会效益放在首位，努力实现社会效益与经济效益相统一，切实维护人民群众健康权益。

需求引领、供给升级。瞄准供需矛盾突出领域，以先进技术、特色服务、品牌质量为重点，充分释放社会办医潜力和活力，促进人才、资金、技术等要素合理流动、充分发展，推动社会办医服务创新、业态升级，与政府办医共同发展、有序竞争。

放宽准入、优化服务。加大力度消除社会办医的体制机制障碍，降低准入门槛，简化审批流程，提高审批效率。对社会办医疗机构在准入、执业、监管等方面与公立医疗机构一视同仁，营造公平竞争环境，促进社会力量踊跃提供多层次多样化医疗服务。

严格监管、有序发展。加快转变政府职能，把工作重心从事前审批转到加强事中事后监管，强化政府在制度建设、标准制定、市场监管等方面职责，加强指导监督，严厉打击扰乱市场秩序的行为，促进社会办医守法诚信经营、规范健康发展。

（三）目标任务。到2020年，社会力量办医能力明显增强，医疗技术、服务品质、品牌美誉度显著提高，专业人才、健康保险、医药技术等支撑进一步夯实，行业发展环境全面优化。打造一大批有较强服务竞争力的社会办医疗机构，形成若干具有影响力的特色健康服务产业集聚区，服务供给基本满足国内需求，逐步形成多层次多样化医疗服务新格局。

二、拓展多层次多样化服务

（四）鼓励发展全科医疗服务。发展社会力量举办、运营的高水平全科诊所，建立包括全科医生、护士等护理人员以及诊所管理人员在内的专业协作团队，为居民提供医疗、公共卫生、健康管理等签约服务。符合条件的社会办医疗机构提供的签约服务，在转诊、收付费、考核激励等方面与政府办医疗机构提供的签约服务享有同等待遇。鼓励社会办全科诊所提供个性化签约服务，构建诊所、医院、商业保险机构深度合作关系，打造医疗联合体。

（五）加快发展专业化服务。积极支持社会力量深入专科医疗等细分服务领域，扩大服务有效供给，培育专业化优势。在眼科、骨科、口腔、妇产、儿科、肿瘤、精神、医疗美容等专科以及康复、护理、体检等领域，加快打造一批具有竞争力的品牌服务机构。鼓励投资者建立品牌化专科医疗集团、举办有专科优势的大型综合医院。支持社会力量举办独立设置的医学检验、病理诊断、医学影像、消毒供应、血液净化、安宁疗护等专业机构，面向区域提供相关服务。

（六）全面发展中医药服务。充分发挥中医药独特优势，鼓励社会力量以名医、名药、名科、名术为服务核心，提供流程优化、质量上乘的中医医疗、养生保健、康复、养老、健康旅游等服务。促进有实力的社会办中医诊所和门诊部（中医馆、国医堂）等机构做大做强，实现跨省市连锁经营、规模发展。有条件的地方可相对集中设置只提供传统中医药服务的中医门诊部和中医诊所，打造中医药文化氛围浓郁的中医药服务区域，并推动从注重疾病治疗转向同时注重健康维护，发展治未病、康复等多元化服务。推进国家中医药健康旅游示范区、示范基地和示范项目建设。

（七）有序发展前沿医疗服务。鼓励有实力的社会办医疗机构瞄准医学前沿，组建优势学科团队，提供以先进医疗技术为特色的医疗服务。适应生命科学纵深发展、生物新技术广泛应用和融合创新的新趋势，稳妥有序推动精准医疗、个性化医疗等服务发展。推动经依法依规批准的新型个体化生物治疗产品标准化规范化应用。推广应用高性能医疗器械。持续推动成熟可靠的前沿医疗技术进入临床应用的转化机制建设。

（八）积极发展个性化就医服务。鼓励社会办医疗机构建立方便快捷的就医流程，营造舒适温馨的就医环境，为有需要的患者提供远程会诊、专人导医陪护、家庭病房等多种个性化的增值、辅助服务，全面提高服务品质。积极探索诊疗、护理、康复、心理关怀等连续整合的服务，进一步提升就医体验，多方位满足患者身心健康需要。

（九）推动发展多业态融合服务。促进医疗与养老融合，支持社会办医疗机构为老年人家庭提供签约医疗服务，建立健全与养老机构合作机制，兴办医养结合机构。促进医疗与旅游融合，发展健康旅游产业，以高端医疗、中医药服务、康复疗养、休闲养生为核心，丰富健康旅游产品，培育健康旅游消费市场。促进互联网与健康融合，发展智慧健康产业，促进云计算、大数据、移动互联网、物联网等信息技术与健康服务深度融合，大力发展远程医疗服务体系。促进体育与医疗融合，支持社会力量兴办以科学健身为核心的体医结合健康管理机构。

（十）探索发展特色健康服务产业集聚区。医疗资源和区位等基础条件较好的地方，可以探索以社会力量为主，打造特色鲜明、具有竞争力和影响力的健康服务产业集聚区，更好满足国内外较高层次健康消费需求。坚持合理定位、科学规划，在土地规划、市政配套、机构准入、人才引进、执业环境等方面给予政策扶持和倾斜，积极探索体制机制创新，着力打造健康服务产业集群。有条件的地方可探索医疗与养老、旅游、健身休闲等业态融合发展，健康服务与医药研发制造、医学教育相协同的集聚模式。坚持以市场需求为导向，发挥企业在产业集聚中的主体作用，地方各级政府要统筹好本行政区域内的集聚区差异化发展，并提供必要的公共服务和配套支持。坚决避免脱离实际、一哄而上、盲目重复建设，杜绝简单园区建设或变相搞房地产开发。有关部门要加强跟踪指导，及时总结经验，发挥示范作用。

三、进一步扩大市场开放

（十一）放宽市场准入。各地要统筹考虑多层次医疗需求，制定完善医疗卫生服务体系规划、医疗机构设置规划、大型医用设备配置规划，完善规划调控方式，优化配置医疗资源，促进社会办医加快发展，凡符合规划条件和准入资质的，不得以任何理由限制。对社会办医疗机构配置大型医用设备可合理放宽规划预留空间。个体诊所设置不受规划布局限制。在审批专科医院等医疗机构设置时，将审核重点放在人员资质与技术服务能力上，在保障医疗质量安全的前提下，动态调整相关标准规范。根据群众健康需求和社会办医发展需要，完善眼科医院等部分医疗机构基本标准。及时制定新型机构标准，引导和支持医疗服务新业态新模式健康发展。

（十二）简化优化审批服务。国家制定社会办医疗机构执业登记前跨部门全流程综合审批指引，各地要出台实施细则，优化规范各项审批的条件、程序和时限，精简整合审批环节，向社会公布后实施。积极推进一站受理、窗口服务、并联审批，推广网上审批，进一步优化政府服务。取消无法定依据的前置条件或证明材料，严禁违反法定程序增减审批条件，相关规划和政策要向社会及时公开。落实连锁经营的服务企业可由企业总部统一办理工商注册登记手续的政策，鼓励健康服务企业品牌化连锁化经营。加快规范统一营利性医疗机构名称。

（十三）促进投资与合作。支持社会办医疗机构引入战略投资者与合作方，加强资本与品牌、管理的协同，探索委托知名品牌医疗实体、医院管理公司、医生集团开展经营管理等模式。发展医疗服务领域专业投资机构、并购基金等，加强各类资源整合，支持社会办医疗机构强强联合、优势互补，培育上水平、规模化的医疗集团。允许公立医院根据规划和需求，与社会力量合作举办新的非营利性医疗机构。鼓励公立医院与社会办医疗机构在人才、管理、服务、技术、品牌等方面建立协议合作关系，支持社会力量办好多层次多样化医疗服务。严格落实公立医院举办特需医疗有关规定，除保留合理部分外，逐步交由市场提供。

（十四）提升对外开放水平。吸引境外投资者通过合资合作方式来华举办高水平医疗机构，积极引进专业医学人才、先进医疗技术、成熟管理经验和优秀经营模式。外资投资办医实行准入前国民待遇加负面清单管理，进一步简化优化审批核准事项。大力发展医疗和健康服务贸易，贯彻落实"一带一路"战略，加强健康产业国际合作与宣传推介，支持包括社会办医疗机构在内的各类经营主体开展面向国际市场和高收入人群的医疗和健康服务贸易，打造具有国际竞争力的医疗和健康服务贸易机构及健康旅游目的地。鼓励举办面向境外消费者的社会办中医医疗机构，提升中医药服务贸易规模和质量，培育国际知名的中医药品牌、服务机构和企业。积极发挥龙头中医医疗机构和行业组织作用，主动开展中医药服务贸易规则和标准制定，构筑面向全球的中医药服务贸易促进体系。

四、强化政策支持

（十五）加强人力资源保障。适应健康服务产业发展，调整优化医学教育专业结构，加强急需紧缺医学专业人才培养，加大健康服务人才培养培训力度，强化高层次人才队伍建设。支持医药专业技术人员出国（境）培训，提升国内医学人才培养水平。改革医师执业注册办法，全面实行医师执业区域注册，医师个人以合同（协议）为依据，可在多个机构执业，促进医师有序流动和多点执业。建立医师电子注册制度，简化审批流程，缩短办理时限，方便医师注册。推动建立适应医师多点执业的人员聘用退出、教育培训、评价激励、职务晋升、选拔任用机制。鼓励公立医院建立完善医务人员全职、兼职制度，加强岗位管理，探索更加灵活的用人机制。医师可以按规定申请设置医疗机构，鼓励医师到基层开办诊所。鼓励医师利用业余时间、退休医师到基层医疗卫生机构执业或开设工作室。在社会办医疗机构稳定执业的兼职医务人员，合同（协议）期内可代表该机构参加各类学术活动，本人可按规定参加职称评审。各地要制定具体办法，切实落实社会办医疗机构在科研、技术职称考评、人才培养等方面与公立医疗机构享受同等待遇相关政策。

（十六）落实完善保险支持政策。落实将符合条件的社会办医疗机构纳入基本医疗保险定点范围的有关规定，医保管理机构与社会办医疗机构签订服务协议，在程序、时限、标准等方面与公立医疗机构同等对待。协议管理的医疗机构条件及签约流程、规则、结果等要及时向社会公开。丰富健康保险产品，大力发展与基本医疗保险有序衔接的商业健康保险。加强多方位鼓励引导，积极发展消费型健康保险。建立经营商业健康保险的保险公司与社会办医疗机构信息对接机制，方便患者通过参加商业健康保险解决基本医疗保险覆盖范围之外的需求。鼓励商业保险机构和健康管理机构联合开发健康管理保险产品，加强健康风险评估和干预。支持商业保险机构和医疗机构共同开发针对特需医疗、创新疗法、先进检查检验服务、利用高值医疗器械等的保险产品。加快发展医疗责任保险、医疗意外保险等多种形式的医疗执业保险。推动商业保险机构遵循依法、稳健、安全原则，以战略合作、收购、新建医疗机构等方式整合医疗服务产业链，探索健康管理组织等新型健康服务提供形式。落实推广商业健康保险个人所得税税前扣除政策。

（十七）推进医药新技术新产品应用。推动企业提高创新、研发能力，实现药品医疗器械质量达到或接近国际先进水平，更好支持多层次多样化医疗服务发展。支持自主知识产权药品、医疗器械和其他相关健康产品的研制应用。推进药品医疗器械审评审批制度改革，加快临床急需的创新药物、医疗器械产品审评。对经确定为创新医疗器械的，按照创新医疗器械审批程序优先审查。将社会办医疗机构纳入创新医疗器械产品应用示范工程和大型医疗设备配置试点范围，鼓励社会办医疗机构与医药企业合作建设创新药品、医疗器械示范应用基地和培训中心，形成示范应用－临床评价－技术创新－辐射推广的良性循环。促进医研企结合，支持社会办医疗机构与国内外科研机构、医学院校、医药企业开展医学科技创新合作，搭建医学科研成果转化平台，为医疗新技术新产品临床应用提供支持，打造一批医学研究和健康产业创新中心。

（十八）加强财税和投融资支持。各地要严格按照有关规定全面落实社会办医疗机构各项税收优惠政策，对社会办医疗机构提供的医疗服务按规定免征增值税，进一步落实和完善对社会办非营利性医疗机构企业所得税支持政策。由政府负责保障的健康服务类公共产品可通过政府购买服务的方式提供，逐步增加政府采购的类别和数量。鼓励各类资本以股票、债券、信托投资、保险资管产品等形式支持社会办医疗机构融资。积极发挥企业债券对健康产业的支持作用。加快探索社会办医疗机构以其收益权、知识产权等无形资产作为质押开展融资活动的政策，条件成熟时推广。在充分保障患者权益、不影响医疗机构持续健康运行的前提下，探索扩大营利性医疗机构有偿取得的财产抵押范围。

（十九）合理加强用地保障。鼓励各类投资主体按照统一的规则依法取得土地，提供医疗服务。根据多层次多样化医疗服务社会实际需求，有序适度扩大医疗卫生用地供给。包括私人诊所在内的各类医疗机构用地，均可按照医疗卫生用地办理供地手续。新供土地符合划拨用地目录的，依法可按划拨方式供应；不符合划拨用地目录且只有一个意向用地者的，依法可按协议方式供应。土地出让价款可在规定期限内按合同约定分期缴纳。支持实行长期租赁、先租后让、租让结合的土地供应方式。

五、严格行业监管和行业自律

（二十）完善管理制度和标准。探索包容而有效的审慎监管方式，推动制修订相关法律法规、规章、规范和标准，规范提高服务质量。健全医疗机构评审评价体系，对社会办医疗机构和公立医疗机构的评审评价实行同等标准。鼓励行业协会等制定推广服务团体标准和企业标准，推行服务承诺和服务公约制度。鼓励社会办医疗机构取得医疗服务质量认证。拓宽公众参与监管的渠道，研究建立医疗服务社会监督员制度。加大知识产权保护力度，支持社会办医疗机构开展创业创新。

（二十一）加强全行业监管。建立监管主体的统筹协调机制，转变监管理念，提升监管效能，强化医疗卫生全行业监管。加强监管体系和能力建设，强化卫生计生监督机构特别是基层机构的监管能力。推行随机抽取检查对象、随机选派执法检查人员的“双随机”抽查。逐步将所有医疗机构接入全民健康信息化平台，实现信息共享、统一监管。严厉打击非法行医、医疗欺诈，严肃查处租借执业证照开设医疗机构、出租承包科室等行为，加强医疗养生类节目监管，依法严惩虚假违法医疗广告宣传等行为。加强对社会办非营利性医疗机构产权归属、财务运营、资金结余使用等方面的监督管理，非营利性医疗机构不得将收支结余用于分红或变相分红。加强对营利性医疗机构盈利率的管控。对医疗机构损害患者权益、谋取不当利益的，依法依规惩处。加强健康医疗数据安全保障和患者隐私保护。

（二十二）提高诚信经营水平。落实主体责任，引导社会办医疗机构加强各环节自律，公开诊疗科目、服务内容、价格收费等医疗服务信息，开展诚信承诺活动。建立健全医疗机构及从业人员信用记录，纳入全国信用信息共享平台，其中涉及企业的相关记录纳入国家企业信用信息公示系统，并依法推进信息公开。对严重违规失信者依法采取惩戒措施，提高失信成本。鼓励行业协会等第三方开展医疗服务信用评价。各级卫生计生行政部门要定期公开医疗机构服务质量、违法违规行为查处情况，并通过国家企业信用信息公示系统向社会公示相关行政许可、行政处罚、“黑名单”、抽查检查结果等信息，形成监管信息常态化披露制度。对进入“黑名单”的机构和人员依法依规严肃处理，情节严重的坚决曝光。

六、强化组织实施

（二十三）加强组织领导。各地各有关部门要充分认识支持社会力量提供多层次多样化医疗服务对扩内需、稳增长、促就业、惠民生、保健康的重要意义，作为深化医改、发展健康服务业、推进健康中国建设的重要内容，精心实施，密切协作，形成合力。各省级人民政府要按照本意见以及国务院已出台的促进社会办医发展相关政策精神，结合实际制定具体实施方案，明确任务分工和时限要求。要加大“放管服”改革力度，及时清理修订相关政策规定，完善配套细则。

（二十四）加强督查调研。各地各有关部门要认真对照国家促进社会办医发展的部署要求，逐项检查审批事项是否放到位、事中事后监管措施是否及时跟上、扶持政策是否有力有效等，对发现的问题要逐项整改，切实打通政策落实“最后一公里”。各级发展改革、卫生计生等部门要对政策落实情况加强监督检查、跟踪分析和通报，对出现的新情况新问题要深入调查研究，广泛听取基层意见和群众诉求，及时提出解决办法。

（二十五）加强探索创新。各地要发扬基层首创精神，针对社会办医“痛点”、难点问题，主动作为、勇于攻坚，创造积累经验，不断丰富完善促进社会办医发展的政策措施。各有关部门要营造有利环境，支持地方因地制宜大胆探索。国家发展改革委要会同有关部门及时总结推广有益经验。要建立促进社会办医发展常态化考核评价机制，畅通举报投诉渠道，对促进社会办医发展工作扎实、成效显著的地方予以表扬激励，对工作开展不力、进度滞后的及时督促整改。

国务院办公厅关于印发2017年全国打击侵犯知识产权和制售假冒伪劣商品工作要点的通知

（2017年5月16日　国办发〔2017〕46号）

《2017年全国打击侵犯知识产权和制售假冒伪劣商品工作要点》已经国务院同意，现印发给你们，请认真贯彻执行。

2017年全国打击侵犯知识产权和制售假冒伪劣商品工作要点

2017年,全国打击侵犯知识产权和制售假冒伪劣商品工作要认真贯彻党的十八大和十八届三中、四中、五中、六中全会精神,认真落实党中央、国务院决策部署,结合推进供给侧结构性改革,依法严厉打击影响知识产权保护、妨碍公平竞争和侵害消费者、权利人合法权益的侵权假冒违法犯罪,打造法治化营商环境,为实施国家创新驱动发展战略、国家知识产权战略和《"十三五"国家知识产权保护和运用规划》,促进经济平稳健康发展与社会和谐稳定提供有力保障。

一、持续推进重点领域治理

(一)加大互联网领域侵权假冒治理力度。强化网上交易管理。开展2017网络市场监管专项行动,以打击侵权假冒、虚假宣传等违法行为为重点,提升协同管网水平。开展以消费品为重点的电子商务产品质量执法打假专项行动,进一步健全电子商务产品质量执法打假全国协查机制,加强追踪溯源和全链条打击。加强农村电子商务产品质量问题集中整治。加大互联网医疗监督管理力度。开展邮件、快件寄递渠道重点执法。(工业和信息化部、公安部、农业部、国家卫生计生委、海关总署、工商总局、质检总局、食品药品监管总局、国家网信办、国家邮政局按职责分工分别负责)加强网络侵权盗版治理。深入开展"剑网行动",进一步加大网络文学、影视、动漫、教材等领域和电子商务、软件应用商店等平台版权整治力度,严格新闻作品转载使用,将新型传播方式纳入版权监管范围。组织查处违法违规互联网文化产品和经营单位。继续深入开展电子商务领域专利执法维权行动,健全电子商务领域专利执法维权机制。(工业和信息化部、公安部、文化部、工商总局、新闻出版广电总局、国家知识产权局、国家网信办按职责分工分别负责)强化交易平台监管。继续加强网站备案、网际协议地址(IP地址)、域名等基础管理,严格网络零售第三方平台交易规则备案管理。指导和督促电子商务平台切实落实主体责任,进一步完善内部管理制度,加强对网络经营者的资格审查,严格内容审核,研发应用技术措施,加强商品和营销信息监控,畅通举报处置渠道,提高自我管理能力。组织对网站完善内控管理情况进行督导检查验收,从源头上阻断有害信息发布传播渠道。(工业和信息化部、公安部、商务部、文化部、工商总局、质检总局、新闻出版广电总局、国家网信办按职责分工分别负责)

（二）持续开展农村和城乡结合部市场治理。针对农村市场侵权假冒行为易发多发的情况，从生产源头、流通渠道、消费终端多管齐下，加强市场监管执法，严厉打击违法犯罪行为，净化农村市场环境。（公安部、农业部、商务部、工商总局、质检总局、食品药品监管总局、国家林业局、国家知识产权局、国家邮政局按职责分工分别负责）严厉打击制售假劣农资违法犯罪行为。深入开展红盾护农行动，依法加强农资市场监管。开展春、秋两季农资打假专项治理行动，加大大案要案查处和曝光力度。推动农产品质量安全例行监测、农资质量监督抽查和执法办案相结合，强化检测、监管、执法部门联动。严肃查处含量不合格、标识不规范、无证生产化肥农药以及非法添加违禁成分行为。（农业部、工业和信息化部、公安部、工商总局、质检总局、高检院、高法院按职责分工分别负责）组织开展全国林木种苗质量抽查，对持有林木种子经营许可证的企业开展"双随机"抽查。（国家林业局负责）

（三）深入开展中国制造海外形象维护"清风"行动。重点针对"一带一路"沿线国家和地区，突出进出口、重点专业市场、跨境电子商务等重点环节，加强部门执法协作，严厉打击跨境制售侵权假冒商品违法犯罪行为。加强进出口高风险货物监控，建立风险信息数据分析模型，提高打击精准度。加强对重点产品生产企业、输出重要商品的集散地和大型专业市场的监管，强化涉外展会、交易会的知识产权保护。充分发挥驻外经商机构和贸促会驻外代表处职能作用，加强对外沟通协调和对境外中资企业、商户的服务与教育引导。（工业和信息化部、公安部、农业部、商务部、海关总署、工商总局、质检总局、食品药品监管总局、国家知识产权局、国家网信办、国家邮政局、贸促会按职责分工分别负责）

二、大力加强商品质量日常监管

（四）加强重点产品管理。围绕群众普遍关心的事关生命健康、财产安全、环境保护的重点产品，深入开展"质检利剑"专项行动，严肃查处质量违法行为。（质检总局负责）进一步规范流通领域商品质量监管工作，积极开展商品质量监管执法，加强线上线下商品质量一体化监管。（工商总局负责）对假冒治疗慢性病药品、无证医疗器械和假冒知名化妆品等重点产品，加大打击力度，坚决查处一批典型案件。积极拓展案源，主动发现线索，严肃查处通过投诉举报、虚假广告监测等渠道发现的违法行为。（食品药品监管总局负责）开展"双随机"抽查，重点监管第一类消毒产品生产企业，加强对消毒剂、消毒器械、灭菌剂、灭菌器械等重点产品的抽检。（国家卫生计生委负责）加强车用燃油监管，重点加强车用汽柴油和普通柴油质量监管与专项检查，集中力量严肃查处生产、销售假劣车用油品行为，严厉打击黑加油站点。对非标油进行综合治理，加大道路运输环节稽查抽检力度。（国家发展改革委、公安部、环境保护部、商务部、国务院国资委、税务总局、工商总局、质检总局等按职责分工分别负责）

（五）加强重点区域治理。把区域集中整治作为质量和品牌提升行动的重要内容，创新管理理念和工作方式，完善治理机制，积极巩固整治成果，推进区域性质量问题集中整治深入开展。（质检总局负责）

（六）加强寄递环节监管。推动落实寄递渠道安全管理收寄验视、实名收寄、过机安检三项制度。加强市场监管执法检查，督促企业切实遵守寄递渠道安全管理各项规定，积极推进寄递渠道安全监管“绿盾”工程建设。（国家邮政局负责）

（七）强化无害化销毁。加大侵权假冒商品环境无害化销毁工作力度，确保将危险废物送到有资质的单位进行无害化销毁，防止二次污染。指导各地公布并定期更新本地具有环境无害化销毁能力的单位名录。（环境保护部牵头负责）探索建立假劣农资销毁长效机制，制定假劣农资统一储存和销毁办法。（农业部、环境保护部按职责分工分别负责）

三、加大打击侵犯知识产权工作力度

（八）依法处理侵犯专利权行为。深入开展知识产权执法维权专项行动，以食品、药品、医疗器械、环境保护等民生和高新技术相关领域为重点，进一步加大专利执法办案工作力度。增强专项行动的协同性，带动执法办案效率持续提升。（国家知识产权局牵头负责）

（九）加强商标行政执法。加大对驰名商标、地理标志、涉外商标和老字号商标的保护力度。协调查处重大仿冒侵权行为。将查处商标侵权假冒行为的监督检查和行政处罚信息纳入国家企业信用信息公示系统，加大失信惩戒力度。研究推进商标代理信用监管，提高商标代理行业服务水平。（工商总局牵头负责）

（十）加大版权保护工作力度。严肃查处侵权盗版行为，集中查处一批大案要案，加强重点产业专项保护。组织开展“秋风 2017”专项行动，着力查缴盗版文学作品、少儿读物、教材教辅，从严查处高校及其周边复印店、培训机构擅自编印教材教辅行为。按照“双随机、一公开”要求，开展版权重点企业、印刷复制发行企业专项检查。（新闻出版广电总局牵头负责）对部分地区文化市场进行暗访抽查。（文化部负责）

（十一）深入推进软件正版化工作。持续开展政府机关软件正版化工作，推进正版化自查、软件采购、管理维护、年度报告、考核评议常态化。完善中央企业和大中型金融机构软件正版化工作长效机制，加快推进地方国有企业、中小金融机构和民营企业软件正版化工作。推进软件正版化与信息化建设相融合,加强技术手段应用,推进政府机关软件正版化督查全覆盖。扩大软件协议供货产品种类,加大推广应用国产软件力度,依法查处软件行业垄断和不正当竞争行为。加强新出厂计算机预装正版操作系统软件监管。贯彻落实《中央行政单位通用办公设备家具配置标准》,完善软件采购和使用管理制度。(新闻出版广电总局牵头负责,工业和信息化部、财政部、国务院国资委、工商总局、国家知识产权局、国管局按职责分工负责)

(十二)加强植物新品种保护。组织开展打击制售侵权假冒种子种苗工作,继续开展打击农、林业植物新品种侵权行政执法活动。加强农业植物新品种测试体系建设,完成对林业植物新品种现有测试机构能力评估工作,提高植物新品种测试能力和侵权证据鉴定水平。(农业部、国家林业局按职责分工分别负责)

四、加强刑事打击与司法保护

(十三)加大刑事打击力度。以情报导侦带动全面打假,完善集群战役发起和组织模式以及"一体化"作战机制,强化集群战役攻势,对侵权假冒犯罪行为实施全链条打击。(公安部负责)

(十四)充分履行检察职能。重点办理一批情节严重、影响恶劣的侵权假冒犯罪案件,加强对重点案件、新型案件的研究和督办,适时公布打击侵权假冒参考案例。严查侵权假冒犯罪案件背后的玩忽职守、贪赃枉法、徇私舞弊等职务犯罪。(高检院负责)

(十五)加大司法保护力度。依法加强对侵权假冒重点行业和重点领域民事、刑事、行政案件的审判工作,加强指导监督,适时出台司法解释和司法政策性文件。推进知识产权民事、刑事、行政案件审判"三合一"改革,推进跨区域知识产权法庭建设。(高法院负责)

五、全面推进跨区域跨部门协作

(十六)推广区域协作经验。总结长三角、京津冀、泛珠三角地区开展区域间、部门间执法协作的做法与经验,及时向全国推广。健全联席会议、线索通报、证据移转、案件协查等制度,加强跨区域、跨部门综合执法、联合执法。(全国打击侵权假冒工作领导小组办公室牵头负责,公安部、海关总署、工商总局、质检总局、国家知识产权局等按职责分工负责)

(十七)推进行政执法与刑事司法衔接。深化行政执法部门与司法机关衔接配合,加强信息共享、案情通报,及时移送涉嫌犯罪案件,克服有案不移、有案难移、以罚代刑现象。充分发挥全国打击侵权假冒行政执法与刑事司法衔接信息共享系统作用,加强数据管理和有效应用,进一步促进行政执法与刑事司法衔接。推动打击侵权假冒涉案物品检验鉴定和保管处理体系建设。(全国打击侵权假冒工作领导小组办公室、高检院牵头负责,公安部、农业部、文化部、海关总署、工商总局、质检总局、新闻出版广电总局、食品药品监管总局、国家林业局、国家知识产权局、高法院按职责分工负责)

(十八)加大涉税案件查处力度。加强侵权假冒涉税案件线索移交和调查处理工作,严肃查处相关税收违法行为。继续组织开展相关行业和领域税收专项整治,加强对侵权假冒企业的日常税收监管。(税务总局、海关总署、工商总局、食品药品监管总局等按职责分工分别负责)

(十九)加强监管信息化建设。探索充分利用大数据、云计算等现代信息技术,创新监管方式,加强技术监测平台建设,探索实行"互联网+监管"模式,逐步提升侵权假冒违法线索发现、收集、甄别、处置能力。(工业和信息化部、公安部、农业部、商务部、文化部、海关总署、工商总局、质检总局、新闻出版广电总局、食品药品监管总局、国家林业局、国家知识产权局、国家网信办、国家邮政局按职责分工分别负责)推进农资监管信息化建设和农药、种子、兽药等主要农资产品质量追溯体系建设。推广知识产权海关保护备案移动执法查询系统,升级知识产权海关保护执法系统,实现案件在线办理。推进质检12365"执法管理"和"信息采集"系统全面上线应用。(农业部、海关总署、质检总局按职责分工分别负责)

六、加强法规制度建设

(二十)加快相关法律法规制修订工作。按照立法计划,积极推进保护知识产权和打击侵权假冒方面的立法工作,推动制修订反不正当竞争法、著作权法、专利法、消费者权益保护法实施条例等法律法规。(国务院法制办、国家发展改革委、工业和信息化部、财政部、商务部、人民银行、海关总署、工商总局、质检总局、新闻出版广电总局、食品药品监管总局、国家知识产权局、国家网信办、国家邮政局按职责分工分别负责)

(二十一)加强信用建设与联合奖惩。建设完善全国信用信息共享平台,统筹部门信用信息系统与地方公共信用信息共享平台建设。优化完善"信用中国"网站,做好信用信息、行政许可和行政处罚信息、联合奖惩信息、红黑名单信息公示工作。加强信用法律制度建设,完善守信联合激励和失信联合惩戒机制。(国家发展改革委、人民银行牵头负责)建立打击侵犯知识产权和制售假冒伪劣商品领域黑名单。(全国打击侵权假冒工作领导小组有关成员单位按职责分工分别负责)加快完善国家企业信用信息公示系统,继续推进涉企信息归集共享和失信联合惩戒工作。(工商总局牵头负责)完善全国企业质量信用档案,建立质量信用信息归集机制。(质检总局负责)将打击侵权假冒作为互联网诚信体系建设的重要内容，大力营造依法办网、诚信用网的良好氛围。（国家网信办负责）推进农资领域、寄递行业、林木种苗企业诚信体系建设工作。（农业部、国家林业局、国家邮政局按职责分工分别负责）

（二十二）健全督查考评机制。将打击侵权假冒违法犯罪活动纳入综治工作（平安建设）考核评价体系，纳入综治领导责任查究、重点地区治安突出问题排查整治、群众安全感调查和明察暗访范围，加强地方绩效考核，全面推进基层督查考核，落实地方政府责任。对领导不重视、侵权假冒问题长期高发地区通过通报、约谈、挂牌督办等方式督促其限期整改；对整治无效、工作不力导致发生重特大案（事）件的地区，按照有关规定实行一票否决制，追究有关领导干部的责任。（中央综治办、全国打击侵权假冒工作领导小组办公室按职责分工牵头负责）

七、积极推进社会共治

（二十三）加大信息公开力度。发挥政府网站信息公开主渠道作用，依法及时公开侵权假冒行政处罚案件信息。完善案件信息公开管理制度。加强对打击侵权假冒信息公开工作的监督检查、情况通报和考核。（全国打击侵权假冒工作领导小组办公室牵头负责，农业部、文化部、海关总署、工商总局、质检总局、新闻出版广电总局、食品药品监管总局、国家林业局、国家知识产权局按职责分工负责）

（二十四）加强政企合作。深化政府部门与电子商务平台合作，借助电子商务大数据资源，提升监测预警、风险防范、线索发现和精准打击能力。加强政府部门与权利人企业的交流互动，提升打击侵权假冒工作效率。（公安部、农业部、文化部、海关总署、工商总局、质检总局、新闻出版广电总局、食品药品监管总局、国家林业局、国家知识产权局按职责分工分别负责）

（二十五）发挥行业组织自律作用。整合行业组织力量，充分发挥行业自律作用，加强行业统计、维权服务和信用评价，培育发展知识产权服务业，引领行业健康发展。引导企业强化主体责任，加强知识产权自我保护。（全国打击侵权假冒工作领导小组办公室牵头负责）

（二十六）加强企业知识产权法律服务。研究制定律师办理知识产权业务尽职调查规范，加快推动知识产权公证服务平台建设。（司法部负责）开展出口知识产权优势企业培塑计划试点，为企业创新发展和“走出去”提供支持。（海关总署负责）

（二十七）加强宣传教育。加大打击侵权假冒宣传教育工作力度，深入宣传打击侵权假冒政策措施，及时报道有关专项行动进展成效，积极开展对外宣传和网上宣传，为深入推进打击侵权假冒工作、切实维护公平有序的市场环境营造良好舆论氛围。推动打击侵权假冒法治宣传与“法律六进”活动有机结合，加强新媒体、新技术运用，解读相关法律法规，及时曝光典型案例，结合“3·15”国际消费者权益日、“4·26”世界知识产权日、“5·15”打击和防范经济犯罪宣传日等重要节点做好集中宣传。（全国打击侵权假冒工作领导小组办公室、中央宣传部牵头负责，司法部、国家网信办、贸促会等按职责分工负责）

八、提升国际交流合作水平

（二十八）加强磋商谈判与交流合作。做好中美全面经济对话等双边高层经贸对话中的知识产权议题磋商，加强中美、中欧、中俄、中巴（西）、中瑞（士）、中日等知识产权对话交流，加快中欧地理标志协定谈判进程，深化与经贸相关的中美、中欧等多双边知识产权合作。（商务部牵头负责）加强与世界贸易组织、世界知识产权组织、世界海关组织、国际刑警组织等的交流合作。（商务部、国家知识产权局、海关总署、公安部牵头负责）在经贸领域积极推动与金砖国家、“一带一路”沿线国家和地区的知识产权合作。（商务部牵头负责，海关总署、工商总局、新闻出版广电总局、国家知识产权局按职责分工负责）举办2017年国际工商知识产权峰会。充分利用多双边工商合作机制，推动知识产权领域国际交流。（贸促会负责）

（二十九）开展多双边执法协作。建立完善多双边执法合作机制，策划重大侵权假冒案件跨国联合执法，加强中美、中欧知识产权刑事执法合作。（公安部负责）提升中美、中欧、中俄、中日韩海关执法合作水平，适时开展联合执法行动。（海关总署负责）

（三十）健全海外维权援助机制。完善国际经贸领域知识产权海外维权援助机制，引导我国企业积极开展海外维权，建立海外知识产权问题及案件信息提交平台，推动形成海外知识产权维权援助服务网。（商务部牵头负责）继续完善境外展会防侵权管理体系，完善知识产权综合服务机制，帮助企业加快适应国际规则，增强知识产权保护意识，提升管理知识产权和应对纠纷能力。在美国国际消费类电子产品展览会等国外重要展会上设立中国企业知识产权服务工作站。（商务部、国家知识产权局、贸促会按职责分工分别负责）拓展海关对外合作，协助企业维护海外知识产权利益。（海关总署负责）

（三十一）加强地方涉外交流合作。指导和推动地方加强打击侵权假冒涉外交流工作，与有关国家和地区开展务实合作。（全国打击侵权假冒工作领导小组办公室牵头负责）各地区要主动加强与外国驻华机构、跨国公司的沟通交流，营造良好的营商环境，要指导企业加强展会知识产权保护，提升民族品牌意识。要统筹协调，主动加强对外宣传，努力维护我国国际形象。（各地打击侵权假冒工作领导小组负责）

国务院部门规章

国家食品药品监督管理总局
关于调整部分药品行政审批事项
审批程序的决定

(2017 年 3 月 17 日国家食品药品监督管理总局令第 31 号公布
自 2017 年 5 月 1 日起施行　国法备字[2017000594])

为贯彻落实《国务院关于改革药品医疗器械审评审批制度的意见》(国发〔2015〕44 号)以及国务院有关行政审批制度改革精神,进一步加强药品注册管理,切实提高审评审批效率,经国家食品药品监督管理总局局务会议研究决定,将下列由国家食品药品监督管理总局作出的药品行政审批决定,调整为由国家食品药品监督管理总局药品审评中心以国家食品药品监督管理总局名义作出:

一、药物临床试验审批决定(含国产和进口);

二、药品补充申请审批决定(含国产和进口);

三、进口药品再注册审批决定。

其他药品注册申请的审批决定,按现程序,由国家食品药品监督管理总局作出。

调整后的审批决定由国家食品药品监督管理总局药品审评中心负责人签发。申请人对审批结论不服的,可以向国家食品药品监督管理总局提起行政复议或者依法提起行政诉讼。

药品监管相关规章中审批程序与本决定不一致的,按照本决定执行。

本决定自 2017 年 5 月 1 日起施行。

国家食品药品监督管理总局关于调整部分医疗器械行政审批事项审批程序的决定

（2017年3月20日国家食品药品监督管理总局令第32号公布 自2017年7月1日起施行 国法备字[2017000595]）

为贯彻落实《国务院关于改革药品医疗器械审评审批制度的意见》（国发〔2015〕44号）以及国务院有关行政审批制度改革精神，进一步加强医疗器械注册管理，切实提高审评审批效率，经国家食品药品监督管理总局局务会议研究决定，将下列由国家食品药品监督管理总局作出的医疗器械行政审批决定，调整为由国家食品药品监督管理总局医疗器械技术审评中心以国家食品药品监督管理总局名义作出：

一、第三类高风险医疗器械临床试验审批决定；

二、国产第三类医疗器械和进口医疗器械许可事项变更审批决定；

三、国产第三类医疗器械和进口医疗器械延续注册审批决定。

其他医疗器械注册申请的审批决定，按现程序，由国家食品药品监督管理总局作出。

调整后的审批决定由国家食品药品监督管理总局医疗器械技术审评中心负责人签发。申请人对审批结论不服的，可以向国家食品药品监督管理总局提起行政复议或者依法提起行政诉讼。

医疗器械监管相关规章中审批程序与本决定不一致的，按照本决定执行。

本决定自2017年7月1日起施行。

学校招收和培养国际学生管理办法

（2017年3月20日教育部、外交部、公安部令第42号公布 自2017年7月1日起施行 国法备字[2017000700]）

第一章 总 则

第一条 为规范学校招收、培养、管理国际学生的行为，为国际学生在中国境内学校学习提供便利，增进教育对外交流与合作，提高中国教育国际化水平，根据《中华人民共和国教育法》《中华人民共和国出境入境管理法》等法律法规，制定本办法。

第二条 本办法所称学校，是指中华人民共和国境内实施学前教育、初等教育、中等教育和高等教育的学校。

本办法所称国际学生，是指根据《中华人民共和国国籍法》不具有中国国籍且在学校接受教育的外国学生。

本办法第二至五章适用于高等学校。实施学前、初等、中等教育的学校，其对国际学生的招生、教学和校内管理，按照省、自治区、直辖市的规定执行。

第三条 学校招收和培养国际学生，应当遵守中国法律法规和国家政策；应当维护国家主权、安全和社会公共利益；应当规范管理、保证质量。

国际学生应当遵守中国法律法规，尊重中国风俗习惯，遵守学校规章制度，完成学校学习任务。

第四条 国务院教育行政部门统筹管理全国国际学生工作，负责制定招收、培养国际学生的宏观政策，指导、协调省、自治区、直辖市人民政府教育行政部门和学校开展国际学生工作，并可委托有关单位和行业组织承担国际学生的管理和服务工作。

国务院外交、公安等行政部门按照职责分工，做好国际学生的相关管理工作。

第五条 省、自治区、直辖市人民政府教育行政部门对本行政区域内国际学生工作进行指导、协调和监管，负责研究制定本行政区域内学前、初等、中等教育阶段国际学生工作的相关政策。

省、自治区、直辖市人民政府外事、公安等行政部门按照职责分工，做好国际学生的相关管理工作。

第六条　招收国际学生的学校，应当建立健全国际学生招收、培养、管理和服务制度，具体负责国际学生的招收与培养。

第二章　招生管理

第七条　招收国际学生的高等学校，应当具备相应的教育教学条件和培养能力，并依照国家有关规定自主招收国际学生。

第八条　招收国际学生的高等学校，应当按照国务院教育行政部门规定的事项和程序进行备案。

第九条　高等学校招收国际学生，接受学历教育的类别为：专科生、本科生、硕士研究生和博士研究生；接受非学历教育的类别为：预科生、进修生和研究学者。

第十条　高等学校按照其办学条件和培养能力自主确定国际学生招生计划和专业，国家另有规定的除外。

第十一条　高等学校按照国家招生规定，制定和公布本校国际学生招生简章，并按照招生简章规定的条件和程序招收国际学生。

第十二条　高等学校应当对报名申请的外国公民的入学资格和经济保证证明进行审查，对其进行考试或者考核。国际学生的录取由学校决定；对不符合招生条件的，学校不得招收。

第十三条　高等学校经征得原招生学校同意，可以接收由其他学校录取或者转学的国际学生。

第十四条　高等学校对国际学生的收费项目和标准，按照国家有关规定执行。

高等学校应当公布对国际学生的收费项目、收费标准和退学、转学的退费规定。收费、退费以人民币计价。

第三章　教学管理

第十五条　高等学校应当将国际学生教学计划纳入学校总体教学计划，选派适合国际学生教学的师资，建立健全教育教学质量保障制度。

第十六条　国际学生应当按照高等学校的课程安排和教学计划参加课程学习，并应当按照规定参加相应的毕业考试或者考核。学校应当如实记录其学习成绩和日常表现。

汉语和中国概况应当作为高等学历教育的必修课；政治理论应当作为学

习哲学、政治学专业的国际学生的必修课。

第十七条 国际学生入学后，经学生申请、高等学校同意，国际学生可以转专业。转专业条件和程序由学校规定。

第十八条 中华人民共和国通用语言文字是高等学校培养国际学生的基本教学语言。对国家通用语言文字水平达不到学习要求的国际学生，学校可以提供必要的补习条件。

第十九条 具备条件的高等学校，可以为国际学生开设使用外国语言进行教学的专业课程。使用外国语言接受高等学历教育的国际学生，学位论文可以使用相应的外国文字撰写，论文摘要应为中文；学位论文答辩是否使用外国语言，由学校确定。

第二十条 高等学校按照教学计划组织国际学生参加教学实习和社会实践，选择实习、实践地点应当遵守国家有关规定。

第二十一条 高等学校根据国家有关规定为国际学生颁发学历证书或者其他学业证书。对接受高等学历教育的国际学生，高等学校应当及时为其办理学籍和毕业证书电子注册。

高等学校为符合学位授予条件的国际学生颁发学位证书。

第四章 校内管理

第二十二条 高等学校应当明确承担国际学生管理职能的工作机构，负责统筹协调国际学生的招收、教学、日常管理和服务以及毕业后的校友联系等工作。

第二十三条 高等学校应当向国际学生公开学校基本情况、教育教学情况、招生简章以及国际学生管理与服务制度，方便国际学生获取信息。

第二十四条 高等学校应当为国际学生提供食宿等必要的生活服务设施，建立健全并公布服务设施使用管理制度。国际学生在学校宿舍外居住的，应当及时到居住地公安部门办理登记手续。

第二十五条 高等学校应当对国际学生开展中国法律法规、校纪校规、国情校情、中华优秀传统文化和风俗习惯等方面内容的教育，帮助其尽快熟悉和适应学习、生活环境。

高等学校应当设置国际学生辅导员岗位，了解国际学生的学习、生活需求，及时做好信息、咨询、文体活动等方面服务工作。国际学生辅导员配备比例不低于中国学生辅导员比例，与中国学生辅导员享有同等待遇。

第二十六条 高等学校鼓励国际学生参加有益于身心健康的文体活动，

为其参加文体活动提供便利条件。国际学生可以自愿参加公益活动、中国重大节日的庆祝活动。

高等学校一般不组织国际学生参加军训、政治性活动。

第二十七条 国际学生经高等学校同意，可以在校内指定的地点和范围举行庆祝本国重要传统节日的活动，但不得有反对、攻击其他国家、民族的内容或者违反公共道德的言行。

第二十八条 国际学生经高等学校批准，可以在学校内成立联谊团体，在中国法律、法规规定的范围内活动，并接受学校的指导和管理。

第二十九条 高等学校应当尊重国际学生的民族习俗和宗教信仰，但不提供宗教活动场所。学校内不得进行传教、宗教聚会等任何宗教活动。

第三十条 国际学生在高等学校学习期间可以参加勤工助学活动，但不得就业、经商或从事其他经营性活动。

国际学生勤工助学的具体管理规定，由国务院教育行政部门会同有关部门另行制订。

第三十一条 高等学校参照中国学生学籍管理规定开展国际学生学籍管理工作。学校对国际学生做出退学处理或者开除学籍处分的，应当按照国务院教育行政部门的规定进行备案。

第五章 奖学金

第三十二条 中国政府为接受高等教育的国际学生设立中国政府奖学金，并鼓励地方人民政府设立国际学生奖学金。

中国政府奖学金的管理办法，由国务院有关行政部门制定。

第三十三条 国务院教育行政部门择优委托高等学校培养中国政府奖学金生。承担中国政府奖学金生培养任务的高等学校，应当优先招收中国政府奖学金生。

第三十四条 高等学校可以为国际学生设立奖学金。鼓励企事业单位、社会团体及其他社会组织和个人设立国际学生奖学金，但不得附加不合理条件。

第六章 社会管理

第三十五条 外国人申请到本办法第二条所指的学校学习的，应当在入境前根据其学习期限向中国驻其国籍国或居住地国使领馆或外交部委托的其他驻外机构申请办理 X1 字或 X2 字签证，按照规定提交经教育主管部门备案的证明和学校出具的录取通知书等相关材料。

第三十六条 国际学生所持学习类签证注明入境后需要办理居留证件的，应当自入境之日起三十日内，向拟居留地公安机关出入境管理部门申请办理学习类外国人居留证件。

第三十七条 外交部对外国驻华外交代表机构、领事机构及国际组织驻华代表机构人员及其随任家属申请到学校学习另有规定的，依照外交部规定执行。未按规定办理相关手续的，学校不得招收。

第三十八条 学校招收未满十八周岁且父母不在中国境内常住的国际学生，须要求其父母正式委托在中国境内常住的外国人或者中国人作为该国际学生的监护人，并提供相关证明材料。

学校可以接受以团组形式短期学习的国际学生，但应当预先与外方派遣单位签订协议。实施初等、中等教育的学校接受团组形式短期学习国际学生的，外方派遣单位应当按照其所在国法律规定，预先办理有关组织未成年人出入境所需的法律手续，并应当派人随团并担任国际学生在学校学习期间的监护人。

第三十九条 国际学生入学时应当按照中国卫生行政部门的规定到中国卫生检疫部门办理《外国人体格检查记录》确认手续或者进行体检。经体检确认患有《中华人民共和国出境入境管理法》规定的严重精神障碍、传染性肺结核病或者有可能对公共卫生造成重大危害的其他传染病的，由公安部门依法处理。

第四十条 学校实行国际学生全员保险制度。国际学生必须按照国家有关规定和学校要求投保。对未按照规定购买保险的，应限期投保，逾期不投保的，学校不予录取；对于已在学校学习的，应予退学或不予注册。

第七章 监督管理

第四十一条 国务院教育行政部门建立健全国际学生培养质量监督制度。省、自治区、直辖市教育行政部门应当对本行政区域的国际学生培养进行监督。

第四十二条 负有国际学生管理职责的国务院教育、公安、外交等行政部门，应当利用现代信息技术建立国际学生信息管理系统，推进信息共享工作机制，不断完善国际学生的管理与服务工作。

第四十三条 对违反《中华人民共和国出境入境管理法》《中华人民共和

国治安管理处罚法》以及《中华人民共和国外国人入境出境管理条例》《中华人民共和国境内外国人宗教活动管理规定》等法律法规规定的国际学生，公安等主管部门应当依法处理。

第四十四条 高等学校在国际学生招收和培养过程中出现以下行为的，主管教育行政部门应当责令其整改，按照《中华人民共和国教育法》的有关规定追究法律责任，并可以限制其招收国际学生：

（一）违反国家规定和学校招生规定招生的；

（二）在招生过程中存在牟利行为的；

（三）未公开收费项目、标准和未按项目、标准收费的；

（四）违规颁发学位证书、学历证书或其他学业证书的；

（五）教学质量低劣或管理与服务不到位，造成不良社会影响的；

（六）其他违法违规行为。

第八章 附 则

第四十五条 本办法中的短期学习是指在中国学校学习时间不超过 180 日（含），长期学习是指在中国学校学习时间超过 180 日。

第四十六条 中国境内经批准承担研究生教育任务的科学研究机构招收国际学生的，按照本办法执行。

教育行政部门批准的实施非学历教育的教育机构招收国际学生的，参照本办法执行。

香港特别行政区、澳门特别行政区、台湾地区学生的招收、培养和管理，以及中国境内外籍人员子女学校的招生、培养和管理，按照国家其他有关规定执行。

第四十七条 省、自治区、直辖市人民政府教育、外事、公安等部门，应当根据本办法，制定本省、自治区、直辖市的管理规定。

第四十八条 本办法自 2017 年 7 月 1 日起施行。教育部、外交部、公安部 2000 年 1 月 31 日发布的《高等学校接受外国留学生管理规定》、教育部 1999 年 7 月 21 日发布的《中小学接受外国学生管理暂行办法》同时废止。

期货公司风险监管指标管理办法

（2017年4月18日中国证券监督管理委员会令第131号公布 自2017年10月1日起施行 国法备字[2017000586]）

第一章 总 则

第一条 为了加强期货公司监督管理，促进期货公司加强内部控制、防范风险、稳健发展，根据《期货交易管理条例》，制定本办法。

第二条 期货公司应当按照中国证券监督管理委员会（以下简称中国证监会）的有关规定计算风险监管指标。

第三条 中国证监会可以根据审慎监管原则，结合期货市场与期货行业发展状况，在征求行业意见基础上对期货公司风险监管指标标准及计算要求进行动态调整，并为调整事项的实施作出过渡性安排。

第四条 期货公司应当建立与风险监管指标相适应的内部控制制度及风险管理制度，建立动态的风险监控和资本补充机制，确保净资本等风险监管指标持续符合标准。

第五条 期货公司应当及时根据监管要求、市场变化及业务发展情况对公司风险监管指标进行压力测试。

压力测试结果显示潜在风险超过期货公司承受能力的，期货公司应当采取有效措施，及时补充资本或控制业务规模，将风险控制在可承受范围内。

第六条 期货公司应当聘请具备证券、期货相关业务资格的会计师事务所对期货公司年度风险监管报表进行审计。

会计师事务所及其注册会计师应当勤勉尽责，对出具报告所依据的文件资料内容的真实性、准确性和完整性进行核查和验证，并对出具审计报告的合法性和真实性负责。

第七条 中国证监会及其派出机构按照法律、行政法规及本办法的规定，对期货公司风险监管指标是否符合标准，期货公司编制、报送风险监管报表相关活动实施监督管理。

第二章 风险监管指标标准及计算要求

第八条 期货公司应当持续符合以下风险监管指标标准：

（一）净资本不得低于人民币3000万元；

（二）净资本与公司风险资本准备的比例不得低于100%；

（三）净资本与净资产的比例不得低于20%；

（四）流动资产与流动负债的比例不得低于100%；

（五）负债与净资产的比例不得高于150%；

（六）规定的最低限额结算准备金要求。

第九条 中国证监会对风险监管指标设置预警标准。规定“不得低于”一定标准的风险监管指标，其预警标准是规定标准的120%，规定“不得高于”一定标准的风险监管指标，其预警标准是规定标准的80%。

最低限额结算准备金不设预警标准。

第十条 期货公司净资本是在净资产基础上，按照变现能力对资产负债项目及其他项目进行风险调整后得出的综合性风险监管指标。

净资本的计算公式为：净资本＝净资产－资产调整值＋负债调整值－/＋其他调整项。

第十一条 期货公司风险资本准备是指期货公司在开展各项业务过程中，为应对可能发生的风险损失所需要的资本。

第十二条 最低限额结算准备金是指期货公司按照交易所及登记结算机构的有关要求以自有资金缴存用于履约担保的最低金额。

第十三条 期货公司计算净资本时，应当按照企业会计准则的规定充分计提资产减值准备、确认预计负债。

中国证监会派出机构可以要求期货公司对资产减值准备计提的充足性和合理性、预计负债确认的完整性进行专项说明，并要求期货公司聘请具有证券、期货业务资格的会计师事务所出具鉴证意见；有证据表明期货公司未能充分计提资产减值准备或未能准确确认预计负债的，中国证监会派出机构应当要求期货公司相应核减净资本金额。

第十四条 期货公司应当根据期末未决诉讼、未决仲裁等或有事项的性质、涉及金额、形成原因、进展情况、可能发生的损失和预计损失进行会计处理，在计算净资本时按照一定比例扣减，并在风险监管报表附注中予以说明。

第十五条 期货公司借入次级债务、向股东或者其关联企业借入具有次级债务性质的长期借款以及其他清偿顺序在普通债之后的债务，可以按照规定计入净资本。

期货公司应当在相关事项完成后5个工作日内向住所地中国证监会派出机构报告。

期货公司不得互相持有次级债务。

第十六条 中国证监会及其派出机构认为期货公司开展某项业务存在未预期风险特征的，可以根据潜在风险状况确定所需资本规模，并要求期货公司补充计提风险资本准备。

第三章 编制和披露

第十七条 期货公司应当按照中国证监会规定的方式编制并报送风险监管报表。中国证监会可以根据监管需要及行业发展情况调整风险监管报表的编制及报送要求。

中国证监会派出机构可以根据审慎监管原则，要求期货公司不定期编制并报送风险监管报表，或要求期货公司在一段时期内提高风险监管报表的报送频率。

第十八条 期货公司法定代表人、经营管理主要负责人、首席风险官、财务负责人应当在风险监管报表上签字确认，并应当保证其真实、准确、完整。上述人员对风险监管报表内容持有异议的，应当书面说明意见和理由，向期货公司住所地中国证监会派出机构报告。

第十九条 期货公司应当保留书面月度及年度风险监管报表，法定代表人、经营管理主要负责人、首席风险官、财务负责人等责任人员应当在书面报表上签字，并加盖公司印章。风险监管报表的保存期限应当不少于5年。

第二十条 期货公司应当每半年向公司董事会提交书面报告，说明各项风险监管指标的具体情况，该报告应当经期货公司法定代表人签字确认。该报告经董事会审议通过后，应当向期货公司全体股东提交或进行信息披露。

第二十一条 净资本与风险资本准备的比例与上月相比向不利方向变动超过20%的，期货公司应当向公司住所地中国证监会派出机构提交书面报告，说明原因，并在5个工作日内向全体董事提交书面报告。

第二十二条 期货公司风险监管指标达到预警标准的，期货公司应当于当日向全体董事提交书面报告，详细说明原因、对期货公司的影响、解决问题的具体措施和期限，书面报告应当同时抄送期货公司住所地中国证监会派出机构。

期货公司风险监管指标不符合规定标准的，期货公司除履行上述程序外，还应当及时向全体股东报告或进行信息披露。

第四章 监督管理

第二十三条 中国证监会派出机构应当对期货公司风险监管指标的计算

过程及计算结果的真实性、准确性、完整性进行定期或者不定期检查。

中国证监会派出机构可以根据监管需要，要求期货公司聘请具有证券、期货相关业务资格的会计师事务所对其风险监管报表进行专项审计。

第二十四条 期货公司的风险监管报表被相关会计师事务所出具了保留意见、带强调事项段或其他事项段无保留意见的，期货公司应当自审计意见出具的5个工作日内就涉及事项对风险监管指标的影响进行专项说明，并向住所地中国证监会派出机构进行书面报告。中国证监会派出机构可以视情况要求期货公司限期改正并重新编制风险监管报表；期货公司未限期改正的，中国证监会派出机构可以认定其风险监管指标不符合规定标准。

期货公司的风险监管报表被相关会计师事务所出具了无法表示意见或者否定意见的，中国证监会派出机构可以认定其风险监管指标不符合规定标准。

第二十五条 期货公司未按期报送风险监管报表或者报送的风险监管报表存在虚假记载、误导性陈述、重大遗漏的，中国证监会派出机构应当要求期货公司限期报送或者补充更正。

期货公司未在限期内报送或者补充更正的，公司住所地中国证监会派出机构应当进行现场检查；发现期货公司违反企业会计准则和本办法有关规定的，可以认定其风险监管指标不符合规定标准。

第二十六条 期货公司报送的风险监管报表存在漏报、错报，影响中国证监会及其派出机构对期货公司风险状况判断的，中国证监会派出机构应当要求期货公司立即报送更正的风险监管报表，并可以视情况采取出具警示函、监管谈话等监管措施。

第二十七条 期货公司风险监管指标达到预警标准的，进入风险预警期。风险预警期内，中国证监会派出机构可视情况采取以下措施：

（一）要求期货公司制定风险监管指标改善方案并定期对监管指标的改善情况进行书面报告；

（二）要求期货公司进行重大业务决策时，应当至少提前5个工作日向住所地中国证监会派出机构报送临时报告，说明有关业务对风险监管指标的影响；

（三）要求期货公司增加内部合规检查的频率，并提交合规检查报告。

期货公司未能有效履行相关要求的，中国证监会派出机构可以视情况采取出具警示函、监管谈话等监管措施。

第二十八条 期货公司风险监管指标优于预警标准并连续保持3个月的，风险预警期结束。

第二十九条 期货公司风险监管指标不符合规定标准的，中国证监会派出机构应当在知晓相关情况后 2 个工作日内对期货公司不符合规定标准的情况和原因进行核实，视情况对期货公司及其董事、监事和高级管理人员采取谈话、提示、记入信用记录等监管措施，并责令期货公司限期整改，整改期限不得超过 20 个工作日。

第三十条 经过整改，期货公司风险监管指标符合规定标准的，应当向住所地中国证监会派出机构报告，中国证监会派出机构应当进行验收。

期货公司风险监管指标符合规定标准的，中国证监会派出机构应当自验收合格之日起 3 个工作日内解除对期货公司采取的有关措施。

第三十一条 期货公司逾期未改正或者经过整改风险监管指标仍不符合规定标准的，中国证监会及其派出机构可以依据《期货交易管理条例》第五十五条采取监管措施。

第三十二条 期货公司违反本办法规定的，中国证监会及其派出机构可以依据《期货交易管理条例》第六十六条的规定处罚。

第五章 附 则

第三十三条 本办法相关用语含义如下：

（一）风险监管报表是期货公司编制的反映各项风险监管指标计算过程及计算结果的报表。

（二）资产、流动资产是指期货公司的自身资产，不含客户保证金。

（三）负债、流动负债是指期货公司的对外负债，不含客户权益。

（四）重大业务，是指可能导致期货公司风险监管指标发生 10% 以上变化的业务。

第三十四条 本办法自 2017 年 10 月 1 日起施行。《期货公司风险监管指标管理试行办法》（证监发〔2007〕55 号公布、证监会公告〔2013〕12 号修订）、《关于期货公司风险资本准备计算标准的规定》（证监会公告〔2013〕13 号）同时废止。

互联网新闻信息服务管理规定

（2017 年 5 月 2 日国家互联网信息办公室令第 1 号公布　自 2017 年 6 月 1 日起施行　国法备字[2017000710]）

第一章　总　　则

第一条　为加强互联网信息内容管理，促进互联网新闻信息服务健康有序发展，根据《中华人民共和国网络安全法》《互联网信息服务管理办法》《国务院关于授权国家互联网信息办公室负责互联网信息内容管理工作的通知》，制定本规定。

第二条　在中华人民共和国境内提供互联网新闻信息服务，适用本规定。

本规定所称新闻信息，包括有关政治、经济、军事、外交等社会公共事务的报道、评论，以及有关社会突发事件的报道、评论。

第三条　提供互联网新闻信息服务，应当遵守宪法、法律和行政法规，坚持为人民服务、为社会主义服务的方向，坚持正确舆论导向，发挥舆论监督作用，促进形成积极健康、向上向善的网络文化，维护国家利益和公共利益。

第四条　国家互联网信息办公室负责全国互联网新闻信息服务的监督管理执法工作。地方互联网信息办公室依据职责负责本行政区域内互联网新闻信息服务的监督管理执法工作。

第二章　许　　可

第五条　通过互联网站、应用程序、论坛、博客、微博客、公众账号、即时通信工具、网络直播等形式向社会公众提供互联网新闻信息服务，应当取得互联网新闻信息服务许可，禁止未经许可或超越许可范围开展互联网新闻信息服务活动。

前款所称互联网新闻信息服务，包括互联网新闻信息采编发布服务、转载服务、传播平台服务。

第六条　申请互联网新闻信息服务许可，应当具备下列条件：

（一）在中华人民共和国境内依法设立的法人；

（二）主要负责人、总编辑是中国公民；

（三）有与服务相适应的专职新闻编辑人员、内容审核人员和技术保障人员；

（四）有健全的互联网新闻信息服务管理制度；

（五）有健全的信息安全管理制度和安全可控的技术保障措施；

（六）有与服务相适应的场所、设施和资金。

申请互联网新闻信息采编发布服务许可的，应当是新闻单位（含其控股的单位）或新闻宣传部门主管的单位。

符合条件的互联网新闻信息服务提供者实行特殊管理股制度，具体实施办法由国家互联网信息办公室另行制定。

提供互联网新闻信息服务，还应当依法向电信主管部门办理互联网信息服务许可或备案手续。

第七条 任何组织不得设立中外合资经营、中外合作经营和外资经营的互联网新闻信息服务单位。

互联网新闻信息服务单位与境内外中外合资经营、中外合作经营和外资经营的企业进行涉及互联网新闻信息服务业务的合作，应当报经国家互联网信息办公室进行安全评估。

第八条 互联网新闻信息服务提供者的采编业务和经营业务应当分开，非公有资本不得介入互联网新闻信息采编业务。

第九条 申请互联网新闻信息服务许可，申请主体为中央新闻单位（含其控股的单位）或中央新闻宣传部门主管的单位的，由国家互联网信息办公室受理和决定；申请主体为地方新闻单位（含其控股的单位）或地方新闻宣传部门主管的单位的，由省、自治区、直辖市互联网信息办公室受理和决定；申请主体为其他单位的，经所在地省、自治区、直辖市互联网信息办公室受理和初审后，由国家互联网信息办公室决定。

国家或省、自治区、直辖市互联网信息办公室决定批准的，核发《互联网新闻信息服务许可证》。《互联网新闻信息服务许可证》有效期为三年。有效期届满，需继续从事互联网新闻信息服务活动的，应当于有效期届满三十日前申请续办。

省、自治区、直辖市互联网信息办公室应当定期向国家互联网信息办公室报告许可受理和决定情况。

第十条 申请互联网新闻信息服务许可，应当提交下列材料：

（一）主要负责人、总编辑为中国公民的证明；

（二）专职新闻编辑人员、内容审核人员和技术保障人员的资质情况；

（三）互联网新闻信息服务管理制度；

（四）信息安全管理制度和技术保障措施；
（五）互联网新闻信息服务安全评估报告；
（六）法人资格、场所、资金和股权结构等证明；
（七）法律法规规定的其他材料。

第三章　运　行

第十一条　互联网新闻信息服务提供者应当设立总编辑，总编辑对互联网新闻信息内容负总责。总编辑人选应当具有相关从业经验，符合相关条件，并报国家或省、自治区、直辖市互联网信息办公室备案。

互联网新闻信息服务相关从业人员应当依法取得相应资质，接受专业培训、考核。互联网新闻信息服务相关从业人员从事新闻采编活动，应当具备新闻采编人员职业资格，持有国家新闻出版广电总局统一颁发的新闻记者证。

第十二条　互联网新闻信息服务提供者应当健全信息发布审核、公共信息巡查、应急处置等信息安全管理制度，具有安全可控的技术保障措施。

第十三条　互联网新闻信息服务提供者为用户提供互联网新闻信息传播平台服务，应当按照《中华人民共和国网络安全法》的规定，要求用户提供真实身份信息。用户不提供真实身份信息的，互联网新闻信息服务提供者不得为其提供相关服务。

互联网新闻信息服务提供者对用户身份信息和日志信息负有保密的义务，不得泄露、篡改、毁损，不得出售或非法向他人提供。

互联网新闻信息服务提供者及其从业人员不得通过采编、发布、转载、删除新闻信息，干预新闻信息呈现或搜索结果等手段谋取不正当利益。

第十四条　互联网新闻信息服务提供者提供互联网新闻信息传播平台服务，应当与在其平台上注册的用户签订协议，明确双方权利义务。

对用户开设公众账号的，互联网新闻信息服务提供者应当审核其账号信息、服务资质、服务范围等信息，并向所在地省、自治区、直辖市互联网信息办公室分类备案。

第十五条　互联网新闻信息服务提供者转载新闻信息，应当转载中央新闻单位或省、自治区、直辖市直属新闻单位等国家规定范围内的单位发布的新闻信息，注明新闻信息来源、原作者、原标题、编辑真实姓名等，不得歪曲、篡改标题原意和新闻信息内容，并保证新闻信息来源可追溯。

互联网新闻信息服务提供者转载新闻信息，应当遵守著作权相关法律法规的规定，保护著作权人的合法权益。

第十六条 互联网新闻信息服务提供者和用户不得制作、复制、发布、传播法律、行政法规禁止的信息内容。

互联网新闻信息服务提供者提供服务过程中发现含有违反本规定第三条或前款规定内容的，应当依法立即停止传输该信息、采取消除等处置措施，保存有关记录，并向有关主管部门报告。

第十七条 互联网新闻信息服务提供者变更主要负责人、总编辑、主管单位、股权结构等影响许可条件的重大事项，应当向原许可机关办理变更手续。

互联网新闻信息服务提供者应用新技术、调整增设具有新闻舆论属性或社会动员能力的应用功能，应当报国家或省、自治区、直辖市互联网信息办公室进行互联网新闻信息服务安全评估。

第十八条 互联网新闻信息服务提供者应当在明显位置明示互联网新闻信息服务许可证编号。

互联网新闻信息服务提供者应当自觉接受社会监督，建立社会投诉举报渠道，设置便捷的投诉举报入口，及时处理公众投诉举报。

第四章 监督检查

第十九条 国家和地方互联网信息办公室应当建立日常检查和定期检查相结合的监督管理制度，依法对互联网新闻信息服务活动实施监督检查，有关单位、个人应当予以配合。

国家和地方互联网信息办公室应当健全执法人员资格管理制度。执法人员开展执法活动，应当依法出示执法证件。

第二十条 任何组织和个人发现互联网新闻信息服务提供者有违反本规定行为的，可以向国家和地方互联网信息办公室举报。

国家和地方互联网信息办公室应当向社会公开举报受理方式，收到举报后，应当依法予以处置。互联网新闻信息服务提供者应当予以配合。

第二十一条 国家和地方互联网信息办公室应当建立互联网新闻信息服务网络信用档案，建立失信黑名单制度和约谈制度。

国家互联网信息办公室会同国务院电信、公安、新闻出版广电等部门建立信息共享机制，加强工作沟通和协作配合，依法开展联合执法等专项监督检查活动。

第五章 法律责任

第二十二条 违反本规定第五条规定，未经许可或超越许可范围开展互联网新闻信息服务活动的，由国家和省、自治区、直辖市互联网信息办公室依据职责责令停止相关服务活动，处一万元以上三万元以下罚款。

第二十三条 互联网新闻信息服务提供者运行过程中不再符合许可条件的，由原许可机关责令限期改正；逾期仍不符合许可条件的，暂停新闻信息更新；《互联网新闻信息服务许可证》有效期届满仍不符合许可条件的，不予换发许可证。

第二十四条 互联网新闻信息服务提供者违反本规定第七条第二款、第八条、第十一条、第十二条、第十三条第三款、第十四条、第十五条第一款、第十七条、第十八条规定的，由国家和地方互联网信息办公室依据职责给予警告，责令限期改正；情节严重或拒不改正的，暂停新闻信息更新，处五千元以上三万元以下罚款；构成犯罪的，依法追究刑事责任。

第二十五条 互联网新闻信息服务提供者违反本规定第三条、第十六条第一款、第十九条第一款、第二十条第二款规定的，由国家和地方互联网信息办公室依据职责给予警告，责令限期改正；情节严重或拒不改正的，暂停新闻信息更新，处二万元以上三万元以下罚款；构成犯罪的，依法追究刑事责任。

第二十六条 互联网新闻信息服务提供者违反本规定第十三条第一款、第十六条第二款规定的，由国家和地方互联网信息办公室根据《中华人民共和国网络安全法》的规定予以处理。

第六章　附　　则

第二十七条 本规定所称新闻单位，是指依法设立的报刊社、广播电台、电视台、通讯社和新闻电影制片厂。

第二十八条 违反本规定，同时违反互联网信息服务管理规定的，由国家和地方互联网信息办公室根据本规定处理后，转由电信主管部门依法处置。

国家对互联网视听节目服务、网络出版服务等另有规定的，应当同时符合其规定。

第二十九条 本规定自 2017 年 6 月 1 日起施行。本规定施行之前颁布的有关规定与本规定不一致的，按照本规定执行。

互联网信息内容管理行政执法程序规定

（2017年5月2日国家互联网信息办公室令第2号公布　自2017年6月1日起施行　国法备字[2017000711]）

第一章　总　　则

第一条　为了规范和保障互联网信息内容管理部门依法履行职责，保护公民、法人和其他组织的合法权益，维护国家安全和公共利益，根据《中华人民共和国行政处罚法》《中华人民共和国网络安全法》和《国务院关于授权国家互联网信息办公室负责互联网信息内容管理工作的通知》，制定本规定。

第二条　互联网信息内容管理部门依法实施行政执法，对违反有关互联网信息内容管理法律法规规章的行为实施行政处罚，适用本规定。

本规定所称互联网信息内容管理部门，是指国家互联网信息办公室和地方互联网信息办公室。

第三条　互联网信息内容管理部门实施行政执法，应当遵循公开、公平、公正的原则，做到事实清楚、证据确凿、程序合法、法律法规规章适用准确适当、执法文书使用规范。

第四条　互联网信息内容管理部门建立行政执法督查制度。

上级互联网信息内容管理部门对下级互联网信息内容管理部门实施的行政执法进行督查。

第五条　互联网信息内容管理部门应当加强执法队伍建设，建立健全执法人员培训、考试考核、资格管理和持证上岗制度。

执法人员应当参加互联网信息内容管理部门组织的法律知识和业务知识培训，并经行政执法资格考试或者考核合格，取得执法证后方可从事执法工作。

执法证由国家互联网信息内容管理部门统一制定、核发或者授权省、自治区、直辖市互联网信息内容管理部门核发。

第二章　管　　辖

第六条　行政处罚由违法行为发生地的互联网信息内容管理部门管辖。

违法行为发生地包括实施违法行为的网站备案地，工商登记地（工商登记地与主营业地不一致的，应按主营业地），网站建立者、管理者、使用者所在地，网络接入地，计算机等终端设备所在地等。

第七条 市（地、州）级以下互联网信息内容管理部门依职权管辖本行政区域内的互联网信息内容行政处罚案件。

省、自治区、直辖市互联网信息内容管理部门依职权管辖本行政区域内重大、复杂的互联网信息内容行政处罚案件。

国家互联网信息内容管理部门依职权管辖应当由自己实施行政处罚的案件及全国范围内发生的重大、复杂的互联网信息内容行政处罚案件。

省、自治区、直辖市互联网信息内容管理部门可以依据法律法规规章，结合本地区实际，制定本行政区域内级别管辖的具体规定。

第八条 对当事人的同一违法行为，两个以上互联网信息内容管理部门均有管辖权的，由先行立案的互联网信息内容管理部门管辖。必要时，可以移送主要违法行为发生地的互联网信息内容管理部门管辖。

两个以上的互联网信息内容管理部门对管辖权有争议的，应当协商解决；协商不成的，报请共同的上一级互联网信息内容管理部门指定管辖。

第九条 上级互联网信息内容管理部门认为必要时，可以直接办理下级互联网信息内容管理部门管辖的案件，也可以将自己管辖的案件移交下级互联网信息内容管理部门办理。

下级互联网信息内容管理部门对其管辖的案件由于特殊原因不能行使管辖权的，可以报请上级互联网信息内容管理部门管辖或者指定管辖。

第十条 互联网信息内容管理部门发现案件不属于其管辖的，应当及时移送有管辖权的互联网信息内容管理部门。

受移送的互联网信息内容管理部门应当将案件查处结果及时函告移送案件的互联网信息内容管理部门；认为移送不当的，应当报请共同的上一级互联网信息内容管理部门指定管辖，不得再次移送。

第十一条 上级互联网信息内容管理部门接到管辖争议或者报请指定管辖请示后，应当在十个工作日内作出指定管辖的决定，并书面通知下级互联网信息内容管理部门。

第十二条 互联网信息内容管理部门发现案件属于其他行政机关管辖的，应当依法移送有关机关。

互联网信息内容管理部门发现违法行为涉嫌犯罪的，应当及时移送司法机关。司法机关决定立案的，互联网信息内容管理部门应当自接到司法机关立案通知书之日起三日内将与案件有关的材料移交司法机关，并办结交接手续。

第十三条 互联网信息内容管理部门对依法应当撤销互联网新闻信息服务许可、吊销互联网新闻信息服务许可证的，应当提出处理建议，并将取得的证据及相关材料报送原发证的互联网信息内容管理部门，由原发证的互联网信息内容管理部门依法作出是否撤销许可、吊销许可证的决定。

第三章 立 案

第十四条 互联网信息内容管理部门应当对下列事项及时调查处理，并填写《案件来源登记表》（格式见附件1）：

（一）在监督检查中发现案件线索的；

（二）自然人、法人或者其他组织投诉、申诉、举报的；

（三）上级机关交办或者下级机关报请查处的；

（四）有关部门移送或者经由其他方式、途径发现的。

第十五条 行政处罚立案应当符合下列条件：

（一）有涉嫌违法的事实；

（二）依法应当予以行政处罚；

（三）属于互联网信息内容监督管理行政处罚的范围；

（四）属于本互联网信息内容管理部门管辖。

符合立案条件的，应当填写《立案审批表》（格式见附件2），同时附上相关材料，在七个工作日内报互联网信息内容管理部门负责人批准立案，并确定两名以上执法人员为案件承办人。特殊情况下，可以延长至十五个工作日内立案。

第十六条 对于不予立案的投诉、申诉、举报，经互联网信息内容管理部门负责人批准后，应将结果告知具名的投诉人、申诉人、举报人，并将不予立案的相关情况作书面记录留存。

对于其他部门移送的案件，决定不予立案的，应当书面告知移送部门。

不予立案或者撤销立案的，承办人应当制作《不予立案审批表》（格式见附件3）或者《撤销立案审批表》（格式见附件4），报互联网信息内容管理部门负责人批准。

第十七条 办案人员有下列情形之一的，应当自行回避；当事人也有权申请办案人员回避：

（一）是本案的当事人或者当事人的近亲属；

（二）与本案有直接利害关系；

（三）与本案当事人有其他关系，可能影响案件公正处理的。

办案人员的回避由互联网信息内容管理部门负责人决定。当事人对决定不服的，可以申请复议一次。

回避决定作出前，被申请回避人员不停止对案件的调查处理。

第四章 调查取证

第十八条 互联网信息内容管理部门进行案件调查取证时，执法人员不得少于两人，并应当出示执法证。必要时，也可以聘请专业人员进行协助。

首次向案件当事人收集、调取证据的，应当告知其有申请办案人员回避的权利。

向有关单位、个人收集、调取证据时，应当告知其有如实提供证据的义务。被调查对象或者有关人员应当如实回答询问并协助、配合调查，及时提供依法应当保存的互联网信息服务提供者发布的信息、用户发布的信息、日志信息等相关材料，不得阻挠、干扰案件的调查。

执法人员对在办案过程中知悉的国家秘密、商业秘密、个人隐私、个人信息应当依法保密。

第十九条 互联网信息内容管理部门在办案过程中需要其他地区互联网信息内容管理部门协助调查、取证的，应当出具委托调查函。受委托的互联网信息内容管理部门应当积极予以协助，一般应当在接到委托调查函之日起十五个工作日内完成相关工作；需要延期完成或者无法协助的，应当及时函告委托的互联网信息内容管理部门。

第二十条 办案人员应当依法收集与案件有关的证据，包括电子数据、视听资料、书证、物证、证人证言、当事人的陈述、鉴定意见、检验报告、勘验笔录、现场笔录、询问笔录等。

电子数据是指案件发生过程中形成的，以数字化形式存储、处理、传输的，能够证明案件事实的数据，包括但不限于网页、博客、微博客、即时通信工具、论坛、贴吧、网盘、电子邮件、网络后台等方式承载的电子信息或文件。电子数据主要存在于计算机设备、移动通信设备、互联网服务器、移动存储设备、云存储系统等电子设备或存储介质中。

视听资料包括录音资料和影像资料。

存储在电子介质中的录音资料和影像资料，适用电子数据的规定。

第二十一条 互联网信息内容管理部门在立案前调查或者检查过程中依法取得的证据，可以作为认定事实的依据。通过网络巡查等技术手段获取的、具有可靠性的电子数据可以作为认定事实的依据。

电子数据的收集、提取应当符合法律法规规章、国家标准、行业标准和技术规范,并保证所收集、提取的电子数据的完整性、合法性、真实性、关联性。否则,不得作为认定事实的依据。

第二十二条 互联网信息内容管理部门在立案前,可以采取询问、勘验、检查、鉴定、调取证据材料等措施,不得限制初查对象的人身、财产权利。

互联网信息内容管理部门在立案后,可以对物品、设施、场所采取先行登记保存等措施。

第二十三条 互联网信息内容管理部门在办案过程中,应当及时询问证人。

执法人员进行询问的,应当制作《询问笔录》(格式见附件5),载明时间、地点、有关事实、经过等内容。询问笔录应当交询问对象或者有关人员核对并确认。

第二十四条 互联网信息内容管理部门对于涉及互联网信息内容违法的场所、物品、网络应当进行勘验、检查,及时收集、固定书证、物证、视听资料以及电子数据。

第二十五条 互联网信息内容管理部门可以委托司法鉴定机构就案件中的专门性问题出具鉴定意见;不属于司法鉴定范围的,可以委托有能力或者条件的机构出具检测报告或者检验报告。

第二十六条 互联网信息内容管理部门可以向有关单位、个人调取能够证明案件事实的证据材料,并且可以根据需要拍照、录像、复印和复制。

调取的书证、物证应当是原件、原物。调取原件、原物确有困难的,可以由提交证据的有关单位、个人在复制品上签字或者盖章,注明"此件由×××提供,经核对与原件(物)无异"的字样或者文字说明,并注明出证日期、证据出处,并签名或者盖章。

调取的视听资料、电子数据应当是原始载体或备份介质。调取原始载体或备份介质确有困难的,可以收集复制件,并注明制作方法、制作时间、制作人等情况。调取声音资料的应当附有该声音内容的文字记录。

第二十七条 在证据可能灭失或者以后难以取得的情况下,经互联网信息内容管理部门负责人批准,执法人员可以依法对涉案计算机、服务器、硬盘、移动存储设备、存储卡等涉嫌实施违法行为的物品先行登记保存,制作《登记保存物品清单》(格式见附件6),向当事人出具《登记保存物品通知书》(格式见附件7)。先行登记保存期间,当事人或有关人员不得损毁、销毁或者非法转移证据。

互联网信息内容管理部门实施先行登记保存时,应当通知当事人或者持有人到场,并在现场笔录中对采取的相关措施情况予以记载。

第二十八条 互联网信息内容管理部门对先行登记保存的证据,应当在七日内作出以下处理决定:

(一)需要采取证据保全措施的,采取记录、复制、拍照、录像等证据保全措施后予以返还;

(二)需要检验、检测、鉴定的,送交具有相应资质的机构检验、检测、鉴定;

(三)违法事实成立的,依法应当予以没收的,作出行政处罚决定,没收违法物品;

(四)违法事实不成立,或者违法事实成立但依法不应当予以没收的,解除先行登记保存。

逾期未作出处理决定的,应当解除先行登记保存。

第二十九条 为了收集、保全电子数据,互联网信息内容管理部门可以采取现场取证,远程取证,责令有关单位、个人固定和提交等措施。

现场取证、远程取证结束后应当制作《电子取证工作记录》(格式见附件8)。

第三十条 执法人员在调查取证过程中,应当要求当事人在笔录或者其他材料上签字、捺指印、盖章或者以其他方式确认。当事人拒绝到场,拒绝签字、捺指印、盖章或者以其他方式确认,或者无法找到当事人的,应当由两名执法人员在笔录或者其他材料上注明原因,并邀请有关人员作为见证人签字或者盖章,也可以采取录音、录像等方式记录。

第三十一条 案件调查终结后,承办人应当撰写《案件处理意见报告》(格式见附件9):

认为违法事实成立,应当予以行政处罚的,撰写《案件处理意见报告》,草拟行政处罚建议书。

有下列情形之一的,撰写《案件处理意见报告》,说明拟作处理的理由,报互联网信息内容管理部门负责人批准后根据不同情况分别处理:

(一)认为违法事实不成立,应当予以销案的;

(二)违法行为情节轻微,没有造成危害后果,不予行政处罚的;

(三)案件不属于本机关管辖,应当移送其他行政机关管辖的;

(四)涉嫌犯罪,应当移送司法机关的。

第三十二条 互联网信息内容管理部门进行案件调查时,对已有证据证明违法事实成立的,应当出具责令改正通知书,责令当事人改正或者限期改正违法行为。

第五章　听证、约谈

第三十三条　互联网信息内容管理部门作出吊销互联网新闻信息服务许可证、较大数额罚款等行政处罚决定之前，应当告知当事人有要求举行听证的权利。当事人要求听证的，应当在被告知后三日内提出，互联网信息内容管理部门应当组织听证。当事人逾期未要求听证的，视为放弃权利。

第三十四条　互联网信息内容管理部门应当在听证的七日前，将《举行听证通知书》（格式见附件10）送达当事人，告知举行听证的时间、地点。

听证应当制作《听证笔录》（格式见附件11），交当事人审核无误后签字或者盖章。

第三十五条　互联网信息内容管理部门对互联网信息服务提供者违法行为作出行政处罚决定前，可以根据有关规定对其实施约谈，谈话结束后制作《执法约谈笔录》（格式见附件12）。

第六章　处罚决定、送达

第三十六条　互联网信息内容管理部门作出行政处罚决定之前，应当填写《行政处罚意见告知书》（格式见附件13），告知当事人拟作出行政处罚的违法事实、处罚的理由和依据，以及当事人依法享有的陈述、申辩权。

互联网信息内容管理部门应当充分听取当事人的陈述和申辩。当事人提出的事实、理由或者证据经复核成立的，应当采纳。当事人在接到告知书之日起三个工作日内未提出陈述、申辩的，视为放弃权利。

互联网信息内容管理部门不得因当事人陈述、申辩而加重处罚。

第三十七条　拟作出的行政处罚决定应当报互联网信息内容管理部门负责人审查。互联网信息内容管理部门负责人根据不同情况，分别作出如下决定：

（一）确有应受行政处罚的违法行为的，根据情节轻重及具体情况，作出行政处罚决定；

（二）违法行为轻微，依法可以不予行政处罚的，不予行政处罚；

（三）违法事实不能成立的，不予行政处罚；

（四）违法行为已构成犯罪的，移送司法机关。

第三十八条　对情节复杂或者重大违法行为给予较重的行政处罚，互联网信息内容管理部门负责人应当集体讨论决定。集体讨论决定的过程应当有书面记录。

情节复杂、重大违法行为标准由互联网信息内容管理部门根据实际情况确定。

第三十九条 互联网信息内容管理部门作出行政处罚决定,应当制作统一编号的《行政处罚决定书》(格式见附件14)。

《行政处罚决定书》应当载明下列事项:

(一)当事人的姓名或者名称、地址等基本情况;

(二)违反法律、法规或者规章的事实和证据;

(三)行政处罚的种类和依据;

(四)行政处罚的履行方式和期限;

(五)不服行政处罚决定,申请行政复议或者提起行政诉讼的途径和期限;

(六)作出行政处罚决定的互联网信息内容管理部门名称和作出决定的日期。

行政处罚决定中涉及没收有关物品的,还应当附没收物品凭证。

《行政处罚决定书》应当盖有作出行政处罚决定的互联网信息内容管理部门的印章。

第四十条 《行政处罚决定书》应当在宣告后当场交付当事人;当事人不在场的,应当在七日内依照民事诉讼法的有关规定,将《行政处罚决定书》送达当事人。

第七章　执行与结案

第四十一条 《行政处罚决定书》送达后,当事人应当在处罚决定的期限内予以履行。

当事人确有经济困难,可以提出延期或者分期缴纳罚款的申请,并提交书面材料。经案件承办人审核,确定延期或者分期缴纳罚款的期限和金额,报互联网信息内容管理部门负责人批准后执行。

第四十二条 互联网信息服务提供者违反相关法律法规规章,需由电信主管部门关闭网站、吊销互联网信息服务增值电信业务经营许可证或者取消备案的,转电信主管部门处理。

第四十三条 当事人对互联网信息内容管理部门给予的行政处罚享有陈述、申辩权,对行政处罚决定不服的,有权依法申请行政复议或者提起行政诉讼。

当事人对行政处罚决定不服,申请行政复议或者提起行政诉讼的,行政处罚不停止执行,但法律另有规定的除外。

第四十四条 当事人在法定期限内不申请行政复议或者提起行政诉讼,又不履行行政处罚决定的,作出处罚决定的互联网信息内容管理部门可以申请人民法院强制执行。

互联网信息内容管理部门申请人民法院强制执行前应当填写《履行行政处罚决定催告书》(格式见附件15),书面催告当事人履行义务,并告知履行义务的期限和方式、依法享有的陈述和申辩权,涉及加处罚款的,应当有明确的金额和给付方式。

加处罚款的总数额不得超过原罚款数额。

当事人进行陈述、申辩的,互联网信息内容管理部门应当对当事人提出的事实、理由和证据进行记录、复核,并制作陈述申辩笔录、陈述申辩复核意见书。当事人提出的事实、理由或者证据成立的,互联网信息内容管理部门应当采纳。

《履行行政处罚决定催告书》送达十个工作日后,当事人仍未履行处罚决定的,互联网信息内容管理部门可以申请人民法院强制执行,并填写《行政处罚强制执行申请书》(格式见附件16)。

第四十五条 行政处罚决定履行或者执行后,办案人应当填写《行政处罚结案报告》(格式见附件17),将有关案件材料进行整理装订,归档保存。

第八章 附 则

第四十六条 本规定中的期限以时、日计算,开始的时和日不计算在内。期限届满的最后一日是节假日的,以节假日后的第一日为届满的日期。法律、法规另有规定的除外。

第四十七条 本规定中的"以上""以下""以内",均包括本数。

第四十八条 国家互联网信息内容管理部门负责制定行政执法所适用的文书格式范本。各省、自治区、直辖市互联网信息内容管理部门可以参照文书格式范本,制定本行政区域行政处罚所适用的文书格式并自行印制。

第四十九条 本规定自2017年6月1日起施行。

附件:1. 案件来源登记表

2. 立案审批表

3. 不予立案审批表
4. 撤销立案审批表
5. 询问笔录
6. 登记保存物品清单
7. 登记保存物品通知书
8. 电子取证工作记录
9. 案件处理意见报告
10. 举行听证通知书
11. 听证笔录
12. 执法约谈笔录
13. 行政处罚意见告知书
14. 行政处罚决定书
15. 履行行政处罚决定催告书
16. 行政处罚强制执行申请书
17. 行政处罚结案报告

附件 1

案件来源登记表

<table>
<tr><td colspan="4">登记时间</td><td colspan="3">年　　月　　日　　时　　分</td></tr>
<tr><td colspan="4">来源分类</td><td colspan="3">(　)监督检查　(　)投诉、申诉、举报　(　)上级机关交办
(　)下级机关报请(　)有关部门移送　(　)其他</td></tr>
<tr><td rowspan="11">案源提供人</td><td rowspan="2">监督检查人</td><td colspan="2">姓　名</td><td></td><td>执法单位</td><td></td></tr>
<tr><td colspan="2">姓　名</td><td></td><td>执法单位</td><td></td></tr>
<tr><td rowspan="5">投诉、申诉、举报人</td><td>个人</td><td>姓名</td><td></td><td>身份证(有效身份证件)号码</td><td></td></tr>
<tr><td rowspan="2">单位</td><td>名称</td><td colspan="3"></td></tr>
<tr><td colspan="2">法定代表人(负责人)</td><td colspan="2"></td></tr>
<tr><td colspan="2">联系电话</td><td></td><td>邮政编码</td><td></td></tr>
<tr><td colspan="2">联系地址</td><td colspan="3"></td></tr>
<tr><td rowspan="4">交办、报请机关,移送部门,其他</td><td colspan="2">名　称</td><td colspan="3"></td></tr>
<tr><td colspan="2">联系人</td><td></td><td>联系电话</td><td></td></tr>
<tr><td colspan="2">联系地址</td><td colspan="3"></td></tr>
<tr><td colspan="2">邮政编码</td><td colspan="3"></td></tr>
<tr><td colspan="2">案源内容登记</td><td colspan="5">登记人(签名):
年　　月　　日</td></tr>
<tr><td colspan="2">案源处理意见</td><td colspan="5">承办人(签名):　　　　审批人(签名):
年　　月　　日　　　　年　　月　　日</td></tr>
<tr><td colspan="2">备　注</td><td colspan="5"></td></tr>
</table>

附件 2

立案审批表

XXX 号

<table>
<tr><td>案　　由</td><td colspan="4"></td></tr>
<tr><td rowspan="2">当事人
基本情况</td><td>单位名称</td><td></td><td>法定代表人</td><td></td></tr>
<tr><td>单位地址</td><td></td><td>联系电话</td><td></td></tr>
<tr><td colspan="5">简要案情：</td></tr>
<tr><td>承办意见</td><td colspan="4">承办人(签名)　　　　　　　年　月　日</td></tr>
<tr><td>承办部门
审核意见</td><td colspan="4">审核人(签名)　　　　　　　年　月　日</td></tr>
<tr><td>互联网信息内容
管理部门负责人
审批意见</td><td colspan="4">审批人(签名)　　　　　　　年　月　日</td></tr>
<tr><td colspan="5">备注：</td></tr>
</table>

附件3

不予立案审批表

XXX号

<table>
<tr><td colspan="2">案件名称：　　　　　　案件来源：　　　　　　登记时间：</td></tr>
<tr><td colspan="2">当事人：　　　　　　证照号码：　　　　　　法定代表人：</td></tr>
<tr><td colspan="2">联系地址：　　　　　　联系电话：</td></tr>
<tr><td colspan="2">案件核查情况：

不予立案理由：</td></tr>
<tr><td colspan="2">承办意见：

承办人(签名)：　　　　　　年　月　日</td></tr>
<tr><td>承办部门审核意见：

审核人(签名)：
年　月　日</td><td>互联网信息内容管理部门负责人审批意见：

审批人(签名)：
年　月　日</td></tr>
</table>

附件 4

撤销立案审批表

XXX 号

<table>
<tr><td colspan="2">案件名称：　　　　　　　案件来源：　　　　　　　立案时间：</td></tr>
<tr><td colspan="2">当事人：　　　　　　　　证照号码：　　　　　　　法定代表人：</td></tr>
<tr><td colspan="2">联系地址：　　　　　　　　　　联系电话：</td></tr>
<tr><td colspan="2">案件基本情况：

撤销立案理由：</td></tr>
<tr><td colspan="2">承办意见：

承办人(签名)：　　　　　　　　年　月　日</td></tr>
<tr><td>承办部门审核意见：

审核人(签名)：
年　月　日</td><td>互联网信息内容管理部门负责人审批意见：

审批人(签名)：
年　月　日</td></tr>
</table>

附件 5

第____次询问

第____页　共____页

询问笔录

询问时间：____年____月____日____时____分至____年____月____日____时____分

询问地点：________________________________

询问人姓名：____________工作单位：____________执法证件号码：____________

记录人姓名：____________工作单位：____________执法证件号码：____________

被询问人姓名：____________性别：____________出生日期：____________

民族：________文化程度：____________身份证（有效身份证件）号码：____________

户籍所在地：________________________联系电话：____________

现住址：________________________________

问：________________________________

答：________________________________

____

____

____

问：________________________________

答：________________________________

____

____

____

问：________________________________

答：________________________________

____

____

____

问：________________________________

答：________________________________

____

____

____

被询问人（签名）：　　　　询问人（签名）：　　　　记录人（签名）：

年　月　日　　　　年　月　日　　　　年　月　日

附件 6

登记保存物品清单

XXX 号

编号	类别	名称	单位	数量	单价	备注

当事人（签名）：　　　　　　　　　　执法人员（签名）：

单位（印章）　　　　　　　　　　XXX 互联网信息办公室（印章）

年　月　日　　　　　　　　　　年　月　日

注：本文书一式两联，第一联由行政机关存档，第二联交当事人。

附件 7

登记保存物品通知书

当事人:____

地　址:____

你(单位)因__________________________________行为违反了____________________________________,根据《中华人民共和国行政处罚法》第三十七条第二款的规定,现决定对你(单位)下列物品予以先行登记保存(详见清单)。

保存期限:________年____月____日至________年____月____日

保存地点:____

在此期间,你(单位)不得将登记保存的物品销毁或者转移。

附:登记保存物品清单

当事人(签名):　　　　　　　　执法人员(签名):

单位(印章)　　　　　　　　XXX 互联网信息办公室(印章)

年　　月　　日　　　　　　　　年　　月　　日

注:本文书一式两联,第一联由行政机关存档,第二联交当事人。

附件8

电子取证工作记录

（适用于现场取证、远程取证）

一、基本情况：

取证事由：____

取证起始时间：______________取证结束时间：______________

取证地点：____

取证环境情况：____

现场指挥人：________________到场时间：________________

取证人：____________________到场时间：________________

取证人：____________________到场时间：________________

见证人：____________________证件名称/号码：______________

见证人：____________________证件名称/号码：______________

其他人员：____

取证设备和软件工具的名称、型号、版本号：__________________

二、取证过程：

发现、提取、分析、固定证据的形式、方法和步骤：______________

____

____

____

____

三、取证结果：

见《提取固定电子数据清单》(一)、(二)、(三)、(四)。本记录包含照片______张，光盘______个，及(其他)______________。

现场指挥人：(签名)

取　证　人：(签名)

证据持有人：(签名)

见　证　人：(签名)

年　　月　　日

<table>
<tr><th colspan="3">提取固定电子数据清单(一)
(适用于提取、固定原始电子设备、存储介质)</th></tr>
<tr><td rowspan="4">原始载体外观登记</td><td rowspan="2">□机身</td><td>□服务器 □台式机 □笔记本 □手机 □其他</td></tr>
<tr><td>制造商: 型号: 序列号: 其他:</td></tr>
<tr><td rowspan="2">□介质</td><td>□硬盘 □移动硬盘 □U 盘 □其他</td></tr>
<tr><td>制造商: 型号: 序列号: 容量:
其他:</td></tr>
<tr><td rowspan="3">原始载体固定方式</td><td>□完整性校验</td><td>校验情况描述:

取证人(签名): 持有人(签名):
见证人(签名): 日期:</td></tr>
<tr><td>□封存</td><td>封存情况描述:

取证人(签名): 持有人(签名):
见证人(签名): 日期:</td></tr>
<tr><td>□其他方式</td><td>固定情况描述:

取证人(签名): 持有人(签名):
见证人(签名): 日期:</td></tr>
<tr><td>备注</td><td colspan="2"></td></tr>
</table>

<table>
<tr><th colspan="3">提取、固定电子数据清单(二)
(适用于提取、固定镜像复制件)</th></tr>
<tr><td rowspan="4">原始载体外观登记</td><td rowspan="2">□机身</td><td>□服务器　□台式机　□笔记本　□手机　□其他</td></tr>
<tr><td>制造商:　型号:　序列号:　其他:</td></tr>
<tr><td rowspan="2">□介质</td><td>□硬盘　□移动硬盘　□U 盘　□其他</td></tr>
<tr><td>制造商:　型号:　序列号:　容量:
其他:</td></tr>
<tr><td rowspan="2">镜像复制件外观登记</td><td rowspan="2">□介质</td><td>□硬盘　□移动硬盘　□U 盘　□其他</td></tr>
<tr><td>制造商:　型号:　序列号:　容量:
其他:</td></tr>
<tr><td rowspan="3">镜像复制件固定方式</td><td>□完整性校验</td><td>校验情况描述:

取证人(签名):　见证人(签名):
原始载体保管人(签名):　原始载体保管地点:
日期:</td></tr>
<tr><td>□封存</td><td>封存情况描述:

取证人(签名):　见证人(签名):
原始载体保管人(签名):　原始载体保管地点:
日期:</td></tr>
<tr><td>□其他方式</td><td>固定情况描述:

取证人(签名):　见证人(签名):
原始载体保管人(签名):　原始载体保管地点:
日期:</td></tr>
<tr><td>备注</td><td colspan="2"></td></tr>
</table>

<table>
<tr><td colspan="4">提取、固定电子数据清单(三)
(适用于提取、固定相关涉案文件)</td></tr>
<tr><td rowspan="5">原始载体外观登记</td><td rowspan="2">□机身</td><td colspan="2">□服务器 □台式机 □笔记本 □手机 □其他</td></tr>
<tr><td colspan="2">制造商： 型号： 序列号： 其他：</td></tr>
<tr><td rowspan="3">□介质</td><td colspan="2">□硬盘 □移动硬盘 □U盘 □其他</td></tr>
<tr><td colspan="2">制造商： 型号： 序列号： 容量：
其他：</td></tr>
<tr><td colspan="2"></td></tr>
<tr><td rowspan="2">专门存储介质外观登记</td><td rowspan="2">□介质</td><td colspan="2">□光盘 □移动硬盘 □U盘 □其他</td></tr>
<tr><td colspan="2">制造商： 型号： 序列号： 容量：
其他：</td></tr>
<tr><td rowspan="2">提取情况描述</td><td rowspan="2">□涉案文件</td><td>涉案文件原始情况</td><td>涉案文件提取情况</td></tr>
<tr><td>存储位置：
文件数量：
其他：</td><td>存储位置：
文件数量：
其他：</td></tr>
<tr><td rowspan="3">提取涉案文件固定方式</td><td>□完整性校验</td><td colspan="2">校验情况描述：□专门存储介质完整性校验□文件完整性校验

取证人(签名)： 见证人(签名)：
原始载体保管人(签名)： 原始载体保管地点：
日期：</td></tr>
<tr><td>□封存</td><td colspan="2">封存情况描述：

取证人(签名)： 见证人(签名)：
原始载体保管人(签名)： 原始载体保管地点：
日期：</td></tr>
<tr><td>□其他方式</td><td colspan="2">固定情况描述：

取证人(签名)： 见证人(签名)：
原始载体保管人(签名)： 原始载体保管地点：
日期：</td></tr>
<tr><td>备注</td><td colspan="3"></td></tr>
</table>

<table>
<tr><th colspan="3">提取、固定电子数据清单(四)
(适用于将涉案文件转化为纸质文档)</th></tr>
<tr><td rowspan="4">原始载体外观登记</td><td rowspan="2">□机身</td><td>□服务器 □台式机 □笔记本 □手机 □其他</td></tr>
<tr><td>制造商: 型号: 序列号: 其他:</td></tr>
<tr><td rowspan="2">□介质</td><td>□硬盘 □移动硬盘 □U 盘 □其他</td></tr>
<tr><td>制造商: 型号: 序列号: 容量:
其他:</td></tr>
<tr><td>原始涉案文件描述</td><td colspan="2">存储位置:
文件数量:
相关描述:

取证人(签名): 见证人(签名):
原始载体保管人(签名): 原始载体保管地点:
日期:</td></tr>
<tr><td>转化过程描述</td><td colspan="2"></td></tr>
<tr><td>注意事项</td><td colspan="2">1. 涉案文件通过拍照、打印等方式转化为纸质文档后,应当由证据保管人、见证人核对无误并逐页签名确认;
2. 经签名确认的纸质文档可以单独收集,也可以与涉案文件的原始载体一并收集。</td></tr>
<tr><td>备注</td><td colspan="2"></td></tr>
</table>

附件 9

案件处理意见报告

XXX 号

<table>
<tr><td>案由</td><td colspan="4"></td></tr>
<tr><td rowspan="2">当事人
基本情况</td><td>单位名称</td><td></td><td>法定代表人</td><td></td></tr>
<tr><td>单位地址</td><td></td><td>联系电话</td><td></td></tr>
<tr><td>违法事实及
证据</td><td colspan="4"></td></tr>
<tr><td>案件调查经过</td><td colspan="4"></td></tr>
<tr><td>调查结论及
处理意见</td><td colspan="4">承办人（签名）：　　　　　　年　月　日</td></tr>
<tr><td>承办部门
审核意见</td><td colspan="4">审核人（签名）：　　　　　　年　月　日</td></tr>
<tr><td>互联网信息内容
管理部门负责人
审批意见</td><td colspan="4">审批人（签名）：　　　　　　年　月　日</td></tr>
<tr><td colspan="5">备注：</td></tr>
</table>

附件 10

举行听证通知书

______字[　]____号

________________(听证申请人)：

根据你(单位)于______年____月____日就________________一案提出的听证申请,依据《中华人民共和国行政处罚法》第四十二条的规定,现定于______年____月____日____时____分在____________举行□公开　□不公开　听证。请你(单位)持本通知准时出席。

听证会主持人:________________听证申请人(委托代理人):________________

听证会参加人(委托代理人):________________案件承办人:________________

听证会书记员:____________翻译人员:____________鉴定人员:____________

第三人(委托代理人):________________其他听证参与人:________________

注意事项如下:

1. 申请人可以亲自参加听证,也可委托一至二人代理。委托代理人参加听证的,应在听证举行前提交由委托人签名或盖章的委托授权书,载明委托的事项及权限。参加听证时应携带身份证明材料。

2. 申请人若因特殊原因需申请延期举行听证的,应当在听证举行前向我办提出申请并说明理由,由我办决定是否延期。

3. 申请人无正当理由不参加听证,又未委托代理人到场参加听证的,或者未经听证主持人允许中途退场的,视为放弃听证权利,我办将终止听证。

4. 举行听证会前,本通知内容将在____________进行公告。

XXX 互联网信息办公室(印章)

年　　月　　日

联系地址:____

联系人:________________________联系电话:________________________

附件 11

第　页　共　页

听证笔录

案由：____

听证时间：___年___月___日___时___分至___年___月___日___时___分

听证地点：____

听证机关：________________　听证方式：□公开　□不公开

听证会主持人：____

听证申请人（委托代理人）：____________________________________

听证会参加人（委托代理人）：__________________________________

案件承办人：____

听证会书记员：__________翻译人员：__________鉴定人员：__________

第三人（委托代理人）：____

其他听证参与人：____

听证内容记录：____

____

____

____

____

____

____

____

____

____

____

____

____

____

听证申请人（委托代理人）（签章）：

听证会书记员（签名）：　　　　翻译人员（签名）：　　　　鉴定人员（签名）：

案件承办人（签名）：　　　　第三人（委托代理人）（签名）：

日期：

附件 12

执法约谈笔录

谈话人	姓名：	单位及职务：	
	姓名：	单位及职务：	
	姓名：	单位及职务：	
	姓名：	单位及职务：	
被约谈人	姓名：	性别：	年龄：
	身份证（有效身份证件）号码：		
	工作单位：	职务：	
	联系地址：	联系电话：	
	姓名：	性别：	年龄：
	身份证（有效身份证件）号码：		
	工作单位：	职务：	
	联系地址：	联系电话：	
约谈地点：			
约谈时间：____年___月___日___时___分至____年___月___日___时___分			
约谈主要内容：			
被约谈人： （签名） 年　月　日		记录人： （签名） 年　月　日	

备注：被约谈人应当在每页笔录签名，并签署“以上记录属实”。

附件13

行政处罚意见告知书

____字[　]____号

____________（被告知人）：

你（单位）因______________________________违反了____________________。根据________________的规定，我办拟对你（单位）作出______________________________的处罚。

对我办拟作出的上述行政处罚，根据《中华人民共和国行政处罚法》第三十二条、第四十二条规定，你（单位）有权进行陈述、申辩，有权要求就吊销互联网新闻信息服务许可证、较大数额罚款等行政处罚决定举行听证。如果有陈述和申辩意见或者要求听证的，你（单位）应在接到本告知书之日起3日内（节假日顺延）向我办提出，逾期视为放弃。

联系人：________________联系电话：________________

XXX互联网信息办公室（印章）

年　　月　　日

附件 14

行政处罚决定书

___字[　]___号

被处罚对象:______________________________

地址:______________________________

我办于___年___月___日对你(单位)______________行为进行立案调查。现查明______________________________

____

____

以上事实有______________________________

______________________________等证据证实。

现根据______________________________,决定给予你(单位)______________处罚,限你(单位)于__________前______________。

[决定给予罚款处罚的,被处罚对象应在收到本决定书之日起十五日内缴纳罚款(银行:__________账号:__________)。逾期不缴纳罚款的,每日按照罚款数额的百分之三加处罚款。]

如不服本决定,可以在收到本决定书之日起___日内向______________申请行政复议,或者于收到本决定书之日起___日内直接向______________人民法院提起行政诉讼。

XXX 互联网信息办公室(印章)

年　　月　　日

附:作出行政处罚决定所依据的法律条文内容

附件 15

履行行政处罚决定催告书

____字[　]____号

__________(被处罚对象):

我办于_____年____月____日作出行政处罚决定,要求你(单位)____(处罚决定内容)。你(单位)于_____年____月____日签收了行政处罚决定书,但在法定期限内未申请行政复议,也未向人民法院提起行政起诉,又不履行本处罚决定。根据《中华人民共和国行政强制法》第五十四条和_______________规定,我办催告你(单位)在收到本催告书之日起的 10 日内履行以下行政处罚决定:_________________________。

本催告书送达 10 日后你(单位)仍未履行义务的,我办将依法向人民法院申请强制执行,你(单位)有陈述和申辩的权利。

XXX 互联网信息办公室(印章)

年　　月　　日

本文书一式两份:一份留存,一份交被催告当事人。

附件 16

行政处罚强制执行申请书

____字[　]____号

______________人民法院：

我办关于______________一案的行政处罚决定已于____年____月____日送达，______________（被处罚人/单位）逾期未履行行政处罚决定。

根据《中华人民共和国行政处罚法》第五十一条第三项规定，特申请强制执行。申请执行的内容及当事人基本情况如下：

当事人：______________________________

地　址：______________________________

法定代表人（负责人）：______________性别：______________

年龄：______________职务：______________

申请执行内容：______________________________

____。

XXX 互联网信息办公室（印章）

年　　月　　日

附件：

联系地址：______________

联 系 人：______________

联系方式：______________

注：本文书共二联，第一联由行政机关存档，第二联交法院。

附件17

行政处罚结案报告

案由	
当事人	
立案时间	
承办人	
案情概要	
处罚决定书字号及处罚内容	
处罚执行情况	
承办人意见	签名： 年 月 日
承办部门负责人意见	签名： 年 月 日
互联网信息内容管理部门负责人意　见	签名： 年 月 日

区域性股权市场监督管理试行办法

(2017年5月3日中国证券监督管理委员会令第132号公布
自2017年7月1日起施行　国法备字[2017000699])

第一章　总　　则

第一条　为了规范区域性股权市场的活动,保护投资者合法权益,防范区域性股权市场风险,促进区域性股权市场健康发展,根据《中华人民共和国证券法》《中华人民共和国公司法》《国务院办公厅关于规范发展区域性股权市场的通知》等规定,制定本办法。

第二条　在区域性股权市场非公开发行、转让中小微企业股票、可转换为股票的公司债券和国务院有关部门认可的其他证券,以及相关活动,适用本办法。

第三条　区域性股权市场是为其所在省级行政区域内中小微企业证券非公开发行、转让及相关活动提供设施与服务的场所。

除区域性股权市场外,地方其他各类交易场所不得组织证券发行和转让活动。

第四条　在区域性股权市场内的证券发行、转让及相关活动,应当遵守法律、行政法规和规章等规定,遵循公平自愿、诚实信用、风险自担的原则。禁止欺诈、内幕交易、操纵市场、非法集资行为。

第五条　省级人民政府依法对区域性股权市场进行监督管理,负责风险处置。

省级人民政府指定地方金融监管部门承担对区域性股权市场的日常监督管理职责,依法查处违法违规行为,组织开展风险防范、处置工作。

省级人民政府根据法律、行政法规、国务院有关规定和本办法,制定区域性股权市场监督管理的实施细则和操作办法。

第六条　中国证券监督管理委员会(以下简称中国证监会)及其派出机构对地方金融监管部门的区域性股权市场监督管理工作进行指导、协调和监督,对市场规范运作情况进行监督检查,对市场风险进行预警提示和处置督导。

地方金融监管部门与中国证监会派出机构应当建立区域性股权市场监管合作及信息共享机制。

第七条 区域性股权市场运营机构(以下简称运营机构)负责组织区域性股权市场的活动,对市场参与者进行自律管理。

各省、自治区、直辖市、计划单列市行政区域内设立的运营机构不得超过一家。

第八条 运营机构应当具备下列条件:

(一)依法设立的法人;

(二)开展业务活动所必需的营业场所、业务设施、营运资金、专业人员;

(三)健全的法人治理结构;

(四)完善的风险管理与内部控制制度;

(五)法律、行政法规和中国证监会规定的其他条件。

证券公司可以参股、控股运营机构。

有《中华人民共和国证券法》第一百零八条规定的情形,或者被中国证监会采取证券市场禁入措施且仍处于禁入期间的,不得担任运营机构的负责人。

第九条 省级人民政府对运营机构实施监督管理,向社会公告运营机构名单,并报中国证监会备案。未经公告并备案,任何单位和个人不得组织、开展区域性股权市场相关活动。

第二章 证券发行与转让

第十条 企业在区域性股权市场发行股票,应当符合下列条件:

(一)有符合《中华人民共和国公司法》规定的治理结构;

(二)最近一个会计年度的财务会计报告无虚假记载;

(三)没有处于持续状态的重大违法行为;

(四)法律、行政法规和中国证监会规定的其他条件。

第十一条 企业在区域性股权市场发行可转换为股票的公司债券,应当符合下列条件:

(一)本办法第十条规定的条件;

(二)债券募集说明书中有具体的公司债券转换为股票的办法;

(三)本公司已发行的公司债券或者其他债务没有处于持续状态的违约或者迟延支付本息的情形;

(四)法律、行政法规和中国证监会规定的其他条件。

第十二条 未经国务院有关部门认可,不得在区域性股权市场发行除股票、可转换为股票的公司债券之外的其他证券。

第十三条 在区域性股权市场发行证券,应当向合格投资者发行。单只证券持有人数量累计不得超过200人,法律、行政法规另有规定的除外。

前款所称合格投资者,应当具有较强风险识别和承受能力,并符合下列条件之一:

(一)证券公司、期货公司、基金管理公司及其子公司、商业银行、保险公司、信托公司、财务公司等依法经批准设立的金融机构,以及依法备案或者登记的证券公司子公司、期货公司子公司、私募基金管理人;

(二)证券公司资产管理产品、基金管理公司及其子公司产品、期货公司资产管理产品、银行理财产品、保险产品、信托产品等金融机构依法管理的投资性计划;

(三)社会保障基金,企业年金等养老基金,慈善基金等社会公益基金,以及依法备案的私募基金;

(四)依法设立且净资产不低于一定指标的法人或者其他组织;

(五)在一定时期内拥有符合中国证监会规定的金融资产价值不低于人民币50万元,且具有2年以上金融产品投资经历或者2年以上金融行业及相关工作经历的自然人。

第十四条 在区域性股权市场发行证券,不得通过拆分、代持等方式变相突破合格投资者标准。有下列情形之一的,应当穿透核查最终投资者是否为合格投资者,并合并计算投资者人数:

(一)以理财产品、合伙企业等形式汇集多个投资者资金直接或者间接投资于证券的;

(二)将单只证券分期发行的。

理财产品、合伙企业等投资者符合本办法第十三条第二款第(二)项、第(三)项规定的除外。

第十五条 在区域性股权市场发行证券,不得采用广告、公开劝诱等公开或者变相公开方式。

通过互联网络、广播电视、报刊等向社会公众发布招股说明书、债券募集说明书、拟转让证券数量和价格等有关证券发行或者转让信息的,属于前款规定的公开或者变相公开方式;但符合下列条件的除外:

(一)通过运营机构的信息系统等网络平台向在本市场开户的合格投资者发布证券发行或者转让信息;

(二)投资者需凭用户名和密码等身份认证方式登录后才能查看。

第十六条 在区域性股权市场挂牌转让证券的企业(以下简称挂牌公

司)，应当符合本办法第十条规定的条件。

第十七条 在区域性股权市场转让证券的，应当符合本办法第十二条、第十三条、第十四条、第十五条规定，不得采取集中竞价、连续竞价、做市商等集中交易方式。

投资者在区域性股权市场买入后卖出或者卖出后买入同一证券的时间间隔不得少于5个交易日。

第十八条 符合下列情形之一的，不受本办法第十三条规定的限制：

(一)证券发行人、挂牌公司实施股权激励计划；

(二)证券发行人、挂牌公司的董事、监事、高级管理人员及发行、挂牌前已持有股权的股东认购或者受让本发行人、挂牌公司证券；

(三)因继承、赠与、司法裁决、企业并购等非交易行为获得证券。

第十九条 运营机构依法对证券发行、挂牌转让申请文件进行审查，出具审查意见，并在发行、挂牌完成后5个工作日内报地方金融监管部门和中国证监会派出机构备案。

第二十条 运营机构应当在每个交易日发布证券挂牌转让的最新价格行情。

第二十一条 证券发行人、挂牌公司及区域性股权市场的其他参与者应当按照规定和协议约定，真实、准确、完整地向投资者披露信息，不得有虚假记载、误导性陈述或者重大遗漏。

运营机构应当建立信息披露网络平台，供信息披露义务人按照规定披露信息。

第二十二条 证券发行人应当披露招股说明书、债券募集说明书，并在发生可能对已发行证券产生较大影响的重要事件时，披露临时报告。

挂牌公司应当在每一会计年度结束之日起4个月内编制并披露年度报告，并在发生可能对证券转让价格产生较大影响的重要事件时，披露临时报告。

招股说明书、债券募集说明书、年度报告应当包括公司基本情况、公司治理、控股股东和实际控制人情况、业务概况、财务会计报告以及可能对证券发行或者转让具有较大影响的其他情况。

第三章 账户管理与登记结算

第二十三条 投资者在区域性股权市场买卖证券，应当向办理登记结算业务的机构申请开立证券账户。办理登记结算业务的机构可以直接为投资者开立证券账户,也可以委托参与本市场的证券公司代为办理。

开立证券账户的机构应当对申请人是否符合本办法规定的合格投资者条件进行审查,对不符合规定条件的申请人,不得为其开立证券账户。申请人为自然人的,还应当在为其开立证券账户前,通过书面或者电子形式向其揭示风险,并要求其确认。

本办法施行前已开立证券账户但不符合本办法规定的合格投资者条件的投资者,不得认购和受让证券;已经认购或者受让证券的,只能继续持有或者卖出。

第二十四条 投资者在区域性股权市场内买卖证券的资金,应当专户存放在商业银行或者国务院金融监督管理机构批准的具有证券期货保证金存管业务资格的机构。任何单位和个人不得以任何形式挪用投资者资金。

省级人民政府制定投资者在区域性股权市场内买卖证券资金的管理细则,明确投资者资金的动用情形、划转路径和有关各方的职责。

运营机构应当每日监测投资者资金的变动情况,发现异常情形及时处理并向地方金融监管部门和中国证监会派出机构报告。

第二十五条 区域性股权市场的登记结算业务,应当由运营机构或者中国证监会认可的登记结算机构办理。

在区域性股权市场内发行、转让的证券,应当在办理登记结算业务的机构集中存管和登记。办理登记结算业务的机构应当根据证券登记结算的结果,确认证券持有人持有证券的事实,提供证券持有人登记资料。

办理登记结算业务的机构应当妥善保存登记、结算的原始凭证及有关文件和资料,保存期限不得少于20年。

第二十六条 办理登记结算业务的机构应当按照规定办理证券账户开立、变更、注销和证券登记、结算,保证证券持有人名册和登记过户记录真实、准确、完整,证券和资金的清算交收有序进行。

办理登记结算业务的机构不得挪用投资者的证券。

办理登记结算业务的机构与中国证券登记结算有限责任公司应当建立证券账户对接机制,将区域性股权市场证券账户纳入到资本市场统一证券账户体系。

第四章　中介服务

第二十七条 中介机构及其业务人员在区域性股权市场从事相关业务活动的,应当诚实守信、勤勉尽责,遵守法律、行政法规、中国证监会和有关省级人民政府规定等，遵守行业规范，对其业务行为承担责任。

第二十八条 运营机构可以自行或者组织有关中介机构开展下列业务活动：

（一）为参与本市场的企业提供改制辅导、管理培训、管理咨询、财务顾问服务；

（二）为证券的非公开发行组织合格投资者进行路演推介或者其他促成投融资需求对接的活动；

（三）为合格投资者提供企业研究报告和尽职调查信息；

（四）为在本市场开户的合格投资者买卖证券提供居间介绍服务；

（五）与商业银行、小额贷款公司等开展业务合作，支持其为参与本市场的企业提供融资服务；

（六）中国证监会规定的其他业务。

第二十九条 运营机构开展本办法第二十八条规定的业务活动，应当按照下列规定采取有效措施，防范运营机构与市场参与者、不同参与者之间的利益冲突：

（一）为参与本市场的企业提供服务的，应当采取业务隔离措施，避免与投资者的利益冲突；

（二）为合格投资者提供企业研究报告和尽职调查信息的，应当遵循独立、客观的原则，不得提供证券投资建议，不得提供虚假、不实、误导性信息；

（三）为合格投资者买卖证券提供居间介绍服务的，应当公平对待买卖双方，不得损害任何一方的利益；

（四）向服务对象收取费用的，应当符合有关规定并披露收费标准。

第三十条 区域性股权市场应当作为地方人民政府扶持中小微企业政策措施的综合运用平台，为地方人民政府市场化运用贴息、投资等资金扶持中小微企业发展提供服务。

第三十一条 区域性股权市场可以在依法合规、风险可控前提下，开展业务、产品、运营模式和服务方式创新，为中小微企业提供多样化、个性化的服务。

区域性股权市场可以按照规定为中小微企业信息展示提供服务。

第三十二条 区域性股权市场不得为其所在省级行政区域外企业证券的发行、转让或者登记存管提供服务。

第三十三条 区域性股权市场可以与证券期货交易所、全国中小企业股份转让系统、机构间私募产品报价与服务系统、证券期货经营机构、证券期货服务机构、证券期货行业自律组织，建立合作机制。但是，有违反本办法第三十二条规定情形的除外。

符合中国证监会规定条件的运营机构，可以开展全国中小企业股份转让系统的推荐业务试点。

第五章 市场自律

第三十四条 运营机构应当负责区域性股权市场信息系统的开发、运行、维护，以及信息安全的管理，保证区域性股权市场信息系统安全稳定运行。

区域性股权市场的信息系统应当符合有关法律法规和信息技术管理规范，并通过中国证监会组织的合规性、安全性评估；未通过评估的，应当限期整改。

区域性股权市场的信息技术管理规范，由中国证监会另行制定。

第三十五条 运营机构、办理登记结算业务的机构应当将证券交易、登记、结算等信息系统与中国证监会指定的监管信息系统进行对接。

运营机构应当自每个月结束之日起 7 个工作日内，向地方金融监管部门和中国证监会派出机构报送区域性股权市场有关信息；发生影响或者可能影响区域性股权市场安全稳定运行的重大事件的，应当立即报告。

运营机构报送的信息必须真实、准确、完整，指标、格式、统计方法应当规范、统一，具体办法由中国证监会另行制定。

第三十六条 运营机构、办理登记结算业务的机构制定的业务操作细则和自律管理规则，应当符合法律、行政法规、中国证监会规章和规范性文件、有关省级人民政府的监管细则等规定，并报地方金融监管部门和中国证监会派出机构备案。

地方金融监管部门和中国证监会派出机构发现业务操作细则和自律管理规则违反相关规定的，可以责令其修改。

第三十七条 运营机构应当按照规定对区域性股权市场参与者的违法行为及违反自律管理规则的行为，采取自律管理措施，并向地方金融监管部门和中国证监会派出机构报告。

运营机构应当畅通投诉渠道，妥善处理投资者投诉，保护投资者合法权益。

第三十八条 运营机构应当对区域性股权市场进行风险监测、评估、预警和采取有关处置措施，防范和化解市场风险。

第三十九条 运营机构可以以特别会员方式加入中国证券业协会，接受中国证券业协会的自律管理和服务。

证券公司作为运营机构股东或者在区域性股权市场从事相关业务活动的,应当遵守证券行业监管和自律规则。

中国证券业协会督促引导证券公司为区域性股权市场的投融资活动提供优质高效低廉服务。鼓励证券公司为区域性股权市场提供业务、技术等支持。

第六章　监督管理

第四十条　地方金融监管部门实施现场检查,可以采取下列措施:

(一)进入运营机构或者区域性股权市场有关参与者的办公场所或者营业场所进行检查;

(二)询问运营机构或者区域性股权市场有关参与者的负责人、工作人员,要求其对有关检查事项做出说明;

(三)查阅、复制与检查事项有关的文件、资料,对可能被转移、隐匿或者毁损的文件、资料、电子设备予以封存;

(四)检查运营机构或者区域性股权市场有关参与者的信息系统,复制有关数据资料;

(五)法律、行政法规和中国证监会规定的其他措施。

中国证监会派出机构可以采取前款规定的措施,对区域性股权市场规范运作情况进行现场检查。

第四十一条　地方金融监管部门和中国证监会派出机构依法履行职责,被检查、调查的单位和个人应当配合,如实提供有关文件和资料,不得拒绝、阻碍和隐瞒。

第四十二条　运营机构违法违规经营或者出现重大风险,严重危害区域性股权市场秩序、损害投资者利益的,由地方金融监管部门责令停业整顿,并更换有关责任人员。

第四十三条　运营机构或者区域性股权市场参与者违反本办法规定的,地方金融监管部门可以采取责令改正、监管谈话、出具警示函、责令参加培训、责令定期报告、认定为不适当人选等监督管理措施;依法应予行政处罚的,给予警告,并处以3万元以下罚款。具体实施细则由省级人民政府制定。

对违反本办法规定的行为,法律、行政法规或者国务院另有规定的,依照其规定处理。

第四十四条　运营机构从业人员或者其他参与区域性股权市场的人员违反法律、行政法规或者本办法规定,情节严重的,中国证监会可以依法采取证券市场禁入的措施。

第四十五条 对运营机构或者区域性股权市场参与者从事内幕交易、操纵市场等严重扰乱市场秩序行为的，依法从严查处。

第四十六条 中国证监会派出机构发现违反本办法行为的线索，应当移送地方金融监管部门处理。

第四十七条 地方金融监管部门未按照规定对违反本办法行为进行查处的，中国证监会派出机构应当予以指导、协调和监督。

第四十八条 中国证监会派出机构对地方金融监管部门的监管能力和条件进行审慎评估，加强监管培训，采取有效措施，促使地方监管能力与市场发展状况相适应。

第四十九条 中国证监会派出机构可以对区域性股权市场的安全规范运行情况、风险管理能力等进行监测评估。

评估结果应当作为区域性股权市场开展先行先试相关业务的审慎性条件。

第五十条 违反本办法第三条第二款规定，组织证券发行和转让活动，或者违反本办法第九条规定，擅自组织开展区域性股权市场活动的，按照《国务院关于清理整顿各类交易场所　切实防范金融风险的决定》（国发［2011］38号）和《国务院办公厅关于清理整顿各类交易场所的实施意见》（国办发〔2012〕37号）规定予以清理，并依法追究法律责任。

第五十一条 运营机构应当建立区域性股权市场诚信档案，并按照规定提供诚信信息的查询和公示。

运营机构和区域性股权市场参与者及其相关人员的诚信信息，应当同时按照规定记入中国证监会证券期货市场诚信档案数据库。

第七章　附　　则

第五十二条 区域性股权市场为其所在省级行政区域内的有限责任公司股权融资或者转让提供服务的，参照适用本办法。

第五十三条 本办法自2017年7月1日起施行。《关于规范证券公司参与区域性股权交易市场的指导意见（试行）》（证监会公告〔2012〕20号）同时废止。

司法解释

最高人民法院、最高人民检察院关于办理侵犯公民个人信息刑事案件适用法律若干问题的解释

（2017年3月20日最高人民法院审判委员会第1712次会议、2017年4月26日最高人民检察院第十二届检察委员会第63次会议通过　2017年5月8日最高人民法院、最高人民检察院公告公布自2017年6月1日起施行　法释〔2017〕10号）

为依法惩治侵犯公民个人信息犯罪活动，保护公民个人信息安全和合法权益，根据《中华人民共和国刑法》《中华人民共和国刑事诉讼法》的有关规定，现就办理此类刑事案件适用法律的若干问题解释如下：

第一条　刑法第二百五十三条之一规定的“公民个人信息”，是指以电子或者其他方式记录的能够单独或者与其他信息结合识别特定自然人身份或者反映特定自然人活动情况的各种信息，包括姓名、身份证件号码、通信通讯联系方式、住址、账号密码、财产状况、行踪轨迹等。

第二条　违反法律、行政法规、部门规章有关公民个人信息保护的规定的，应当认定为刑法第二百五十三条之一规定的“违反国家有关规定”。

第三条　向特定人提供公民个人信息，以及通过信息网络或者其他途径发布公民个人信息的，应当认定为刑法第二百五十三条之一规定的“提供公民个人信息”。

未经被收集者同意，将合法收集的公民个人信息向他人提供的，属于刑法第二百五十三条之一规定的“提供公民个人信息”，但是经过处理无法识别特定个人且不能复原的除外。

第四条　违反国家有关规定，通过购买、收受、交换等方式获取公民个人信息，或者在履行职责、提供服务过程中收集公民个人信息的，属于刑法第二百五十三条之一第三款规定的“以其他方法非法获取公民个人信息”。

第五条　非法获取、出售或者提供公民个人信息，具有下列情形之一的，应当认定为刑法第二百五十三条之一规定的“情节严重”：

（一）出售或者提供行踪轨迹信息，被他人用于犯罪的；

（二）知道或者应当知道他人利用公民个人信息实施犯罪，向其出售或者提供的；

（三）非法获取、出售或者提供行踪轨迹信息、通信内容、征信信息、财产信息五十条以上的；

（四）非法获取、出售或者提供住宿信息、通信记录、健康生理信息、交易信息等其他可能影响人身、财产安全的公民个人信息五百条以上的；

（五）非法获取、出售或者提供第三项、第四项规定以外的公民个人信息五千条以上的；

（六）数量未达到第三项至第五项规定标准，但是按相应比例合计达到有关数量标准的；

（七）违法所得五千元以上的；

（八）将在履行职责或者提供服务过程中获得的公民个人信息出售或者提供给他人，数量或者数额达到第三项至第七项规定标准一半以上的；

（九）曾因侵犯公民个人信息受过刑事处罚或者二年内受过行政处罚，又非法获取、出售或者提供公民个人信息的；

（十）其他情节严重的情形。

实施前款规定的行为，具有下列情形之一的，应当认定为刑法第二百五十三条之一第一款规定的“情节特别严重”：

（一）造成被害人死亡、重伤、精神失常或者被绑架等严重后果的；

（二）造成重大经济损失或者恶劣社会影响的；

（三）数量或者数额达到前款第三项至第八项规定标准十倍以上的；

（四）其他情节特别严重的情形。

第六条　为合法经营活动而非法购买、收受本解释第五条第一款第三项、第四项规定以外的公民个人信息，具有下列情形之一的，应当认定为刑法第二百五十三条之一规定的“情节严重”：

（一）利用非法购买、收受的公民个人信息获利五万元以上的；

（二）曾因侵犯公民个人信息受过刑事处罚或者二年内受过行政处罚，又非法购买、收受公民个人信息的；

（三）其他情节严重的情形。

实施前款规定的行为，将购买、收受的公民个人信息非法出售或者提供的，定罪量刑标准适用本解释第五条的规定。

第七条　单位犯刑法第二百五十三条之一规定之罪的，依照本解释规定的相应自然人犯罪的定罪量刑标准，对直接负责的主管人员和其他直接责任人员定罪处罚，并对单位判处罚金。

第八条　设立用于实施非法获取、出售或者提供公民个人信息违法犯罪活动的网站、通讯群组，情节严重的，应当依照刑法第二百八十七条之一的规定，以非法利用信息网络罪定罪处罚；同时构成侵犯公民个人信息罪的，依照侵犯公民个人信息罪定罪处罚。

第九条　网络服务提供者拒不履行法律、行政法规规定的信息网络安全管理义务，经监管部门责令采取改正措施而拒不改正，致使用户的公民个人信息泄露，造成严重后果的，应当依照刑法第二百八十六条之一的规定，以拒不履行信息网络安全管理义务罪定罪处罚。

第十条　实施侵犯公民个人信息犯罪，不属于"情节特别严重"，行为人系初犯，全部退赃，并确有悔罪表现的，可以认定为情节轻微，不起诉或者免予刑事处罚；确有必要判处刑罚的，应当从宽处罚。

第十一条　非法获取公民个人信息后又出售或者提供的，公民个人信息的条数不重复计算。

向不同单位或者个人分别出售、提供同一公民个人信息的，公民个人信息的条数累计计算。

对批量公民个人信息的条数，根据查获的数量直接认定，但是有证据证明信息不真实或者重复的除外。

第十二条　对于侵犯公民个人信息犯罪，应当综合考虑犯罪的危害程度、犯罪的违法所得数额以及被告人的前科情况、认罪悔罪态度等，依法判处罚金。罚金数额一般在违法所得的一倍以上五倍以下。

第十三条　本解释自2017年6月1日起施行。

附：

一、2017 年 5 月份报国务院备案并予以登记的地方性法规、自治条例、单行条例和地方政府规章目录

地方性法规

法规名称	公布日期	备案登记编号
盘锦市湿地保护条例	2017 年 4 月 13 日	国法备字［2017000660］
抚顺市法治宣传教育条例	2017 年 3 月 31 日	国法备字［2017000661］
沈阳市制定地方性法规条例(修订)	2017 年 4 月 21 日	国法备字［2017000662］
大连市医疗卫生设施规划建设条例	2017 年 4 月 28 日	国法备字［2017000663］
本溪市烟花爆竹燃放管理条例	2017 年 2 月 27 日	国法备字［2017000664］
阜新市人民代表大会及其常务委员会立法条例	2017 年 4 月 20 日	国法备字［2017000665］
葫芦岛市饮用水水源保护条例	2017 年 4 月 18 日	国法备字［2017000666］
大连市燃气管理条例	2017 年 4 月 28 日	国法备字［2017000667］
大连市人民代表大会及其常务委员会立法条例	2017 年 4 月 24 日	国法备字［2017000668］
葫芦岛市人民代表大会及其常务委员会立法条例	2017 年 4 月 18 日	国法备字［2017000669］

续表

法规名称	公布日期	备案登记编号
丹东鸭绿江口湿地国家级自然保护区管理条例	2017 年 1 月 22 日	国法备字［2017000670］
辽宁省人大常委会关于修改《辽宁省实施〈中华人民共和国残疾人保障法〉办法》的决定	2017 年 3 月 31 日	国法备字［2017000671］
辽宁省农产品质量安全条例	2017 年 3 月 31 日	国法备字［2017000672］
吉林省非物质文化遗产保护条例	2017 年 3 月 24 日	国法备字［2017000592］
延边朝鲜族自治州立法规定	2017 年 4 月 1 日	国法备字［2017000593］
吉林省森林防火条例(修订)	2017 年 3 月 24 日	国法备字［2017000619］
白山市人民代表大会及其常务委员会立法条例	2017 年 3 月 29 日	国法备字［2017000620］
长春市人大常委会关于修改和废止部分地方性法规的决定	2017 年 4 月 14 日	国法备字［2017000622］
吉林省人大常委会关于修改和废止《吉林省农业机械管理条例》等 21 件地方性法规的决定	2017 年 3 月 24 日	国法备字［2017000623］
黑龙江省禁毒条例	2017 年 4 月 7 日	国法备字［2017000602］
黑龙江省税收保障条例	2017 年 4 月 7 日	国法备字［2017000603］
黑龙江省村民委员会选举办法(修订)	2017 年 4 月 7 日	国法备字［2017000604］
哈尔滨市人民代表大会及其常务委员会立法条例	2017 年 4 月 10 日	国法备字［2017000606］
大庆市人民代表大会及其常务委员会立法条例	2017 年 4 月 12 日	国法备字［2017000607］

续表

法规名称	公布日期	备案登记编号
双鸭山市人民代表大会及其常务委员会立法条例	2017年4月10日	国法备字［2017000608］
黑河市人民代表大会及其常务委员会立法条例	2017年4月10日	国法备字［2017000609］
鸡西市人民代表大会及其常务委员会制定地方性法规条例	2017年4月12日	国法备字［2017000610］
佳木斯市人民代表大会及其常务委员会立法条例	2017年4月10日	国法备字［2017000643］
绥化市人民代表大会及其常务委员会制定地方性法规条例	2017年4月12日	国法备字［2017000644］
上海市促进科技成果转化条例	2017年4月20日	国法备字［2017000638］
上海市居民委员会工作条例	2017年4月20日	国法备字［2017000639］
杭州大江东产业集聚区管理条例	2017年4月7日	国法备字［2017000611］
杭州市大运河世界文化遗产保护条例	2017年4月7日	国法备字［2017000612］
宁波市文明行为促进条例	2017年4月24日	国法备字［2017000613］
温州市物业管理条例	2017年4月6日	国法备字［2017000614］
嘉兴市南湖保护条例	2017年4月13日	国法备字［2017000615］
安徽省拥军优属条例(修订)	2017年4月1日	国法备字［2017000687］
安徽省旅游条例(修订)	2017年4月1日	国法备字［2017000688］
宿州市人民代表大会及其常务委员会立法程序规定	2017年4月20日	国法备字［2017000689］

续表

法规名称	公布日期	备案登记编号
淮南市文明行为促进条例	2017 年 4 月 19 日	国法备字［2017000690］
六安市人民代表大会及其常务委员会立法程序规定	2017 年 4 月 18 日	国法备字［2017000691］
马鞍山市人民代表大会及其常务委员会立法程序规定	2017 年 4 月 21 日	国法备字［2017000692］
马鞍山市非物质文化遗产条例	2017 年 4 月 21 日	国法备字［2017000693］
安庆市城市管理条例	2017 年 4 月 28 日	国法备字［2017000694］
黄山市人民代表大会及其常务委员会立法程序规定	2017 年 4 月 10 日	国法备字［2017000695］
山东黄河三角洲国家级自然保护区条例	2017 年 4 月 5 日	国法备字［2017000564］
山东省消费者权益保护条例	2017 年 3 月 29 日	国法备字［2017000565］
济南市城乡规划条例	2017 年 3 月 29 日	国法备字［2017000566］
济南市名泉保护条例	2017 年 3 月 29 日	国法备字［2017000567］
淄博市制定地方性法规条例	2017 年 3 月 30 日	国法备字［2017000568］
淄博市煤炭清洁利用监督管理条例	2017 年 3 月 30 日	国法备字［2017000569］
枣庄市制定地方性法规条例	2017 年 3 月 29 日	国法备字［2017000570］
聊城市制定地方性法规条例	2017 年 3 月 30 日	国法备字［2017000571］
德州市制定地方性法规条例	2017 年 3 月 31 日	国法备字［2017000572］

续表

法规名称	公布日期	备案登记编号
山东省人大常委会关于修改《山东省实施〈中华人民共和国残疾人保障法〉办法》的决定	2017 年 3 月 29 日	国法备字［2017000575］
日照市制定地方性法规条例	2017 年 3 月 29 日	国法备字［2017000576］
濮阳市地方立法条例	2017 年 4 月 18 日	国法备字［2017000624］
焦作市地方立法条例	2017 年 4 月 20 日	国法备字［2017000625］
驻马店市饮用水水源保护条例	2017 年 4 月 12 日	国法备字［2017000626］
开封市城市饮用水水源保护条例	2017 年 4 月 20 日	国法备字［2017000627］
南阳市白河水系水环境保护条例	2017 年 4 月 21 日	国法备字［2017000628］
宜昌市城区建筑物外立面管理条例	2017 年 4 月 7 日	国法备字［2017000591］
黄石市商业网点规划建设管理条例	2017 年 4 月 12 日	国法备字［2017000640］
武汉市促进革命老区发展办法	2017 年 4 月 29 日	国法备字［2017000655］
湖南省大气污染防治条例	2017 年 3 月 31 日	国法备字［2017000579］
长沙市大围山区域生态和人文资源保护条例	2017 年 4 月 18 日	国法备字［2017000616］
永州市公园广场管理条例	2017 年 4 月 21 日	国法备字［2017000617］
岳阳历史文化名城保护条例	2017 年 4 月 25 日	国法备字［2017000618］
湘西土家族苗族自治州酉水河保护条例	2017 年 4 月 10 日	国法备字［2017000641］

续表

法规名称	公布日期	备案登记编号
广州市生态公益林条例(修订)	2017 年 4 月 11 日	国法备字［2017000581］
深圳市人大常委会关于废止《深圳市会计条例》的决定	2017 年 4 月 1 日	国法备字［2017000582］
肇庆古城墙保护条例	2017 年 4 月 7 日	国法备字［2017000583］
江门市市区山体保护条例	2017 年 4 月 5 日	国法备字［2017000584］
珠海市人大常委会关于修改《珠海市环境保护条例》的决定	2017 年 4 月 10 日	国法备字［2017000629］
河源市制定地方性法规条例	2017 年 4 月 25 日	国法备字［2017000630］
茂名市制定地方性法规条例	2017 年 4 月 10 日	国法备字［2017000631］
广西壮族自治区农业机械化促进条例	2017 年 3 月 29 日	国法备字［2017000683］
广西壮族自治区古树名木保护条例	2017 年 3 月 29 日	国法备字［2017000684］
广西壮族自治区食品小作坊小餐饮和食品摊贩管理条例	2017 年 3 月 29 日	国法备字［2017000685］
钦州市坭兴陶土资源保护条例	2017 年 4 月 18 日	国法备字［2017000686］
梧州市城市市容和环境卫生管理条例	2017 年 4 月 18 日	国法备字［2017000701］
海南省人民代表大会常务委员会关于在海南经济特区下放部分行政许可事项的决定	2017 年 3 月 29 日	国法备字［2017000600］
贵阳市政府数据共享开放条例	2017 年 4 月 11 日	国法备字［2017000561］
黔东南苗族侗族自治州立法条例	2017 年 4 月 12 日	国法备字［2017000563］

续表

法规名称	公布日期	备案登记编号
毕节市饮用水水源保护条例	2017 年 5 月 2 日	国法备字［2017000653］
六盘水市水城河保护条例	2017 年 4 月 28 日	国法备字［2017000654］
玉溪市新平哀牢山县级自然保护区条例	2017 年 4 月 10 日	国法备字［2017000577］
丽江市城市管理条例	2017 年 4 月 17 日	国法备字［2017000578］
大理白族自治州乡村清洁条例	2017 年 4 月 27 日	国法备字［2017000633］
曲靖市人民代表大会及其常务委员会立法条例	2017 年 4 月 18 日	国法备字［2017000652］
日喀则市制定地方性法规条例	2017 年 3 月 28 日	国法备字［2017000642］
宝鸡市市区餐厨废弃物管理条例	2017 年 3 月 16 日	国法备字［2017000587］
张掖市立法条例	2017 年 4 月 20 日	国法备字［2017000682］
定西市人民代表大会及其常务委员会立法程序规则	2017 年 4 月 6 日	国法备字［2017000702］
嘉峪关市立法条例	2017 年 4 月 17 日	国法备字［2017000703］
陇南市人民代表大会及其常务委员会立法程序规则	2017 年 4 月 17 日	国法备字［2017000704］
平凉市地方立法条例	2017 年 4 月 6 日	国法备字［2017000705］
白银市人民代表大会及其常务委员会立法条例	2017 年 4 月 5 日	国法备字［2017000706］
黄南藏族自治州人民代表大会及其常务委员会立法程序规定	2017 年 4 月 25 日	国法备字［2017000601］

续表

法规名称	公布日期	备案登记编号
新疆维吾尔自治区去极端化条例	2017 年 3 月 29 日	国法备字［2017000580］

自治县的单行条例

条例名称	公布日期	备案登记编号
前郭尔罗斯蒙古族自治县物业管理条例	2017 年 3 月 24 日	国法备字［2017000621］
道真仡佬族苗族自治县城镇绿化管理条例	2017 年 4 月 10 日	国法备字［2017000562］

地方政府规章

规章名称	公布日期	备案登记编号
邯郸市行政调解办法	2017 年 5 月 9 日	国法备字［2017000678］
山西省实施《工伤保险条例》办法	2017 年 4 月 26 日	国法备字［2017000650］
内蒙古自治区行政应诉规定	2017 年 3 月 19 日	国法备字［2017000681］
大连市居住房屋租赁治安管理规定	2017 年 4 月 21 日	国法备字［2017000646］
本溪市城市除运雪规定	2017 年 4 月 13 日	国法备字［2017000589］
南京市城市地下综合管廊管理暂行办法	2017 年 5 月 3 日	国法备字［2017000648］

续表

规章名称	公布日期	备案登记编号
苏州市地下管线管理办法	2017 年 4 月 14 日	国法备字［2017000634］
南通市人民政府重大行政决策程序规定	2017 年 5 月 2 日	国法备字［2017000657］
镇江市古籍保护办法	2017 年 5 月 12 日	国法备字［2017000658］
浙江省女职工劳动保护办法	2017 年 4 月 14 日	国法备字［2017000599］
宁波市最低生活保障办法	2017 年 4 月 5 日	国法备字［2017000647］
舟山市国家级海洋特别保护区海钓管理暂行办法	2017 年 5 月 12 日	国法备字［2017000673］
安徽省电信设施建设和保护办法	2017 年 3 月 31 日	国法备字［2017000585］
福建省人民政府关于对民用小型航空器和空飘物采取临时性行政措施的决定	2017 年 4 月 18 日	国法备字［2017000573］
福建省人民政府关于实施重大国际性活动临时性行政措施的决定	2017 年 4 月 18 日	国法备字［2017000574］
福建省人民政府关于修改《福建省促进快递行业发展办法》的决定	2017 年 5 月 4 日	国法备字［2017000656］
福建省农村扶贫开发办法	2017 年 5 月 13 日	国法备字［2017000679］
厦门市人民政府关于加强汽车租赁安全管理的决定	2017 年 4 月 28 日	国法备字［2017000651］
中国(河南)自由贸易试验区管理试行办法	2017 年 3 月 29 日	国法备字［2017000597］
河南省人民政府关于废止和修改部分省政府规章的决定	2017 年 4 月 14 日	国法备字［2017000675］
中国(湖北)自由贸易试验区建设管理办法	2017 年 4 月 18 日	国法备字［2017000590］

续表

规章名称	公布日期	备案登记编号
襄阳市市区公共租赁住房管理办法	2017 年 4 月 26 日	国法备字［2017000659］
恩施土家族苗族自治州地名管理办法	2017 年 4 月 12 日	国法备字［2017000649］
琼州海峡轮渡运输管理规定	2017 年 4 月 28 日	国法备字［2017000680］
珠海经济特区促进横琴休闲旅游业发展办法	2017 年 5 月 1 日	国法备字［2017000635］
汕头经济特区储备土地管护和临时利用办法	2017 年 4 月 18 日	国法备字［2017000645］
汕头市污水处理费征收使用管理办法	2017 年 5 月 5 日	国法备字［2017000676］
佛山市寄递物流安全管理办法	2017 年 4 月 25 日	国法备字［2017000588］
南宁市安全生产监督管理办法	2017 年 4 月 25 日	国法备字［2017000637］
广安市人民政府规章制定程序规定	2017 年 4 月 10 日	国法备字［2017000605］
贵州省人民政府关于公布省直机关实施的行政许可项目的决定	2017 年 4 月 5 日	国法备字［2017000697］
贵州省人民政府关于取消、下放、新增一批行政许可项目的决定	2017 年 4 月 5 日	国法备字［2017000698］
贵阳市禽类交易管理办法	2017 年 4 月 24 日	国法备字［2017000598］
日喀则市禁止生产、销售和提供一次性不可降解塑料购物袋、塑料餐具管理办法	2017 年 3 月 15 日	国法备字［2017000632］
昌都市藏文社会用字管理办法	2017 年 4 月 13 日	国法备字［2017000677］
陕西省企业信用监督管理办法	2017 年 4 月 18 日	国法备字［2017000636］

二、2017年5月份报国务院备案并予以登记，本汇编未收的国务院部门规章目录

交通运输部关于修改《正常类旋翼航空器适航规定》的决定

（2017年4月1日交通运输部令2017年第10号公布　自2017年5月1日起施行　国法备字[2017000674]）

正常类旋翼航空器适航规定

（2002年7月2日原中国民用航空总局令第112号公布　根据2017年4月1日《交通运输部关于修改〈正常类旋翼航空器适航规定〉的决定》修订）

交通运输部关于修改《运输类旋翼航空器适航规定》的决定

（2017年4月1日交通运输部令2017年第11号公布　自2017年5月1日起施行　国法备字[2017000696]）

运输类旋翼航空器适航规定

（2002年7月2日原中国民用航空总局令第113号发布　根据2017年4月1日《交通运输部关于修改〈运输类旋翼航空器适航规定〉的决定》修正）

图书在版编目(CIP)数据

中华人民共和国新法规汇编．2017年．第6辑：总第244辑/国务院法制办公室编．—北京：中国法制出版社，2017.6

ISBN 978-7-5093-8648-4

Ⅰ．①中… Ⅱ．①国… Ⅲ．①法规-汇编-中国-2017 Ⅳ．①D920.9

中国版本图书馆CIP数据核字(2017)第140758号

中华人民共和国新法规汇编

ZHONGHUA RENMIN GONGHEGUO XIN FAGUI HUIBIAN

(2017年第6辑)

编者/国务院法制办公室

经销/新华书店

印刷/三河市紫恒印装有限公司

开本/850毫米×1168毫米 32开　　印张/4.625　字数/121千

版次/2017年6月第1版　　2017年6月第1次印刷

中国法制出版社出版

书号 ISBN 978-7-5093-8648-4　　定价：18.00元

北京西单横二条2号　　值班电话：66026508

邮政编码 100031　　传真：66031119

网址：http://www.zgfzs.com　　编辑部电话：66066621

市场营销部电话：66033393　　邮购部电话：66033288

(如有印装质量问题，请与本社编务印务管理部联系调换。电话：010-66032926)